越南研究丛书

丛书主编： 耿敬 ［越］范德 (PHẠM ĐI)

越南城市化进程中的政策实践
——以胡志明市拆迁补偿安置政策为例

Research on Urban Housing Demolition Compensation and Resettlement Policy and Practice
—— A Case of Vietnam's Ho Chi Minh City

★ ［越］范 德 (PHẠM ĐI) 著

上海大学出版社

图书在版编目(CIP)数据

越南城市化进程中的政策实践：以胡志明市拆迁补偿安置政策为例 / 耿敬,(越)范德主编;(越)范德著. —上海：上海大学出版社,2018.1
ISBN 978-7-5671-0445-7

Ⅰ.①越… Ⅱ.①耿… ②范… Ⅲ.①房屋拆迁－土地征用－补偿－研究－胡志明市 Ⅳ.①D933.321.81

中国版本图书馆 CIP 数据核字(2018)第 015022 号

策　　划　农雪玲　庄际虹
责任编辑　农雪玲
装帧设计　缪炎栩
技术编辑　章　斐

越南城市化进程中的政策实践
——以胡志明市拆迁补偿安置政策为例

[越] 范德(PHẠM ĐI)　著

上海大学出版社出版发行
(上海市上大路 99 号　邮政编码 200444)
(http://www.press.shu.edu.cn　发行热线 021-66135112)
出版人　戴骏豪

*

南京展望文化发展有限公司排版
上海华业装潢印刷有限公司印刷　各地新华书店经销
开本 710mm×1010mm　1/16　印张 13.75　字数 195 千
2018 年 1 月第 1 版　2018 年 1 月第 1 次印刷
ISBN 978-7-5671-0445-7/D·204　定价　58.00 元

总序:增进理解与学术行动

2012年夏,我们在闲谈中初次涉及中国与越南两国的关系问题,总是觉得:说起中越关系,两国从地理空间上讲是近邻,从文化上讲有着密切的关联,从两国执政党关系上讲也曾有过非常深厚的革命情谊。但实际上我们又很难说了解彼此,尤其作为普通百姓,我们对于各自国家人民的生活现状、所思所想更是无从了解。这也使得我们彼此之间的关系又似乎显得很疏远。为此,我们希望能够尽自己的所能,为增进中越两国民众之间的相互理解和沟通做些事情。作为学者,我们所能做的首先就是加强彼此之间的合作,以促进两国之间的学术交流与互动。而作为社会学者,我们所能做的就是更加深入全面地对两国的社会发展与变迁加强研究,进而推动彼此社会生活风貌与现状的推介,以增进相互之间的了解。

目前学术界针对中国和越南的研究基本上围绕以下几个领域。

第一,是历史文化领域的研究。中国和越南的关系可谓源远流长,而且也极其复杂。因此,针对彼此国家的历史研究是不可能脱离学术视野的。在这类历史研究中,主要是针对各个朝代史的研究,同时还有宗教、信仰、文化、风俗、语言等各方面的历史研究。这些研究,不可避免地会涉及两国之间历史文化的交互性内容。

第二,是国际关系领域的研究。这包括在国际共产主义运动背景下中越两国执政党的关系研究,抗击法国、美国侵略越南期间的两国关系研究,以及现代两国更为复杂的关系研究,等等。

第三,是针对改革开放进程的研究。随着1978年中国的改革开放和1986年的越南更新开放,中国和越南分别进入市场化改革。同为社会主义国家的市场化探索,其所面临的困难和所出现的难题,也具有一定程度的相似性和彼此可以借鉴的经验与教训。针对各自的政治改革和经济改革,是目前两国学术界相对比较重视的研究领域。

第四,针对两国经济交流领域的研究。这主要是围绕两国的经济政策、基础设施建设、法律法规的制定、招商引资措施、市场营销方式等方面,展开多角度多方位的研究。

近年来,以上各领域研究的拓展和加深,一定程度地推进了学术界、理论界和工商界对彼此的沟通与交流,但仍存在一定的局限性,难以全方位地加深对彼此社会生活领域的了解和认识。作为社会学者,我们希望能更多地从社会生活领域,尤其是对普通民众的所思所想、精神风貌等方面加深彼此间的认识和了解。这就需要从与人民生活密切相关的社会生活领域的发展现状入手,加以研究和探讨;需要了解两国在现代化进程中所共同面临的一系列问题,如城市发展问题、"三农"问题、青年妇女问题、宗教信仰问题、文化教育问题、民生问题、社会认同问题等,只有不断加深针对这些社会问题的研究,才能认识到两国人民的社会期望、利益所在以及思想脉动,也才能真正推动两国民众之间的沟通与理解。

中越两国一衣带水,在几千年的历史交往中,友好往来、和平发展是主流,虽然由于一些国际因素和历史原因也曾出现过一些摩擦和风波,但都如杯中旋风,只要两国人民增加了解、增强互信,互利共赢将会是中越两国始终不变的主题。

就目前中越两国之间的关系而言,既有着巨大的共同利益,同时也存在着深刻的差异。而要化解差异,并不是短时间内就能够实现的,这需要通过更广泛的新型的公共外交,尤其是民间交流,以调动两国人民的包容心,正确认识和了解这些差异,并警惕和避免国粹主义、极端民族主义的滋生与泛滥,减少其对两国关系恢复和改善带来的消极影响。

目前,中越两国经贸合作发展迅速,双边贸易额连创历史新高,2017

年,中越双边贸易额已经超过1 000亿美元。越南已经成为中国在东盟中的最大贸易伙伴,中国也是越南第一大贸易伙伴,大量中国企业在越南投资兴业,累计投资达112亿美元。

两国之间除了政治互信得到加强、经济合作进一步深化,民间交流也十分频繁。每周有130个航班穿梭于两国各大城市之间。越南在中国经商、学习、旅游的人数在东盟国家中居首位。同时,越南也是中国在东盟国家中的第二大旅游目的地。在教育方面,目前有10 000多名越南留学生在中国留学,而中国有3 000多名留学生正在越南学习。这就更需要学者行动起来,通过自己的研究和推介,促进民间交流的良性发展。

过去,中越两国的传统友谊是由两国老一辈革命领导人打下的稳固基础,这已成为两国重要的宝贵财富,需要继承好、发扬好;如今,随着两国民间交流的日益加强,中越两国的友好关系将向更加深入、更加广泛的领域拓展。这就需要为中越关系注入新的动力,即民众的动力。虽然现在的国际和地区形势非常复杂,世界形势变化非常快,但是若想在中越两国间建立起健康稳定的、符合两国人民根本利益的友好关系,不仅需要崇尚共赢与开放的两国政府加强合作,更需要充满包容、理解、友爱的两国人民之间的互动与交流。

作为社会学者,我们的学术活动,是希望能够为中越两国普通民众之间搭建一座彼此沟通理解的桥梁,希望通过两国学术界的合作,能够推动共享的和平机制的建立,并进而为两国人民提供具有大视野、大格局、包容性、多元化、前瞻性的公共产品。

这套丛书,只是我们合作的初步成果,希望能对促进中越两国人民之间的包容和友爱有所助益。

谨序。

2017.10.10 于上海

前　言

推进城市发展的现代化进程,是当今世界众多国家的重要政策和发展路径。对于发展中国家而言,则尤其如此。城市现代化发展过程中,必须同时促进城市的社会、经济、文化等方面的发展。城市的发展将扮演国家建设的"火车头"角色,而在城市更新面貌时,又将不可避免地面临拆迁安置及其相关的补偿问题,越南胡志明市也不例外。

城市房屋拆迁安置及其补偿过程并不是城市化的最终目的,但为了达到城市化、现代化的发展目的,通过城市拆迁以实现其更新是其中的重要路径。在某种意义上,拆迁活动就像是城市"美容手术",其过程并非是舒适的,也会产生所谓的"术后综合征",一些国家在城市发展中已经或多或少遭遇了此类困境,胡志明市在城市拆迁安置上同样存在这些"看得见、摸得着"的问题。

近年来,胡志明市的城市扩张过程需要加大动拆迁的规模,所以动拆迁成为一种普遍的社会现象,引起社会各界的关心和瞩目。从社会学角度来看,动拆迁不仅仅是把被拆迁人从原来的地方迁移到一个新的地方,从本质上来讲,该过程意味着在一个新的自然与新的社会条件下,对被拆迁人的生活世界进行"再结构"。城市房屋拆迁不仅涉及利益的分配,也关系到社会的和谐稳定问题。在越南经济高速发展的过程中,拆迁不仅是城市化和城市改造的组成部分,同时也关系到广大老百姓能否享受到经济发展的成果。然而,越南(特别是胡志明市)在城市房屋拆迁方面还有很多关键的问题没有得到合理解决。应该承认,城市拆迁不仅仅影响到被拆迁人的日常生活,而且影响到整个城市的经济、社会、文化的发展,甚至对政治、治安、社会稳定等产生影响。所以城市房屋拆迁是城市发展过程中既不能避免也不能忽略的问题。

  本书针对胡志明市的土地征收房屋拆迁的制度及其落实,通过对胡志明市进行调查(实证调查)来分析近年来该市拆迁补偿安置中的主要问题和拆迁中各方利益主体的应对对策,厘清与解释该市近年来有关拆迁的政策及其落实情况,提出房屋征收模式的补偿安置新机制、新流程,以给胡志明市有关部门提供科学依据和相关对策。

  从城市可持续发展的眼光看,拆迁补偿安置应确保城市的人口、环境、社会、经济及其生态和谐、协调地发展。因此,本研究主要针对胡志明市的"拆迁综合征",比如:拆迁法律法规政策不健全;拆迁补偿标准过低,总是赶不上市场价格;被拆迁人所获补偿金额达不到原来的住房价格水平;补偿的程序、流程不当,拆迁补偿评估方法不合理及缺少被拆迁人表达利益诉求的途径;拆迁安置政策规定中存在官僚机制;拆迁过程缺乏公开性和透明性,导致拆迁补偿争议多;拆迁法律政策中的"公共利益"和"经济利益"的界定模糊造成法律漏洞;开发商违约违法的现象屡见不鲜,甚至存在用"公共利益"做幌子来获利;偏重补偿,忽视安置;安置后的相关政策规定被忽略,对一部分家庭的工作或孩子上学等产生了一定影响;缺乏监督机制与市场因素;拆迁政策宣传不到位,"公平、公正、公开"的原则执行不力;个别干部以权谋私,导致被拆迁人对拆迁中的一些官僚作风十分不满;过渡期房、暂住房等设施简陋并且过渡期长,导致拆迁居民面临诸多生活困难,动迁房普遍地段偏远,质量不高;安置区的基建简陋、配套不足导致被拆迁人生活不方便;政策落实不到位,滥用强制手段和暴力强拆,信访、上访矛盾激化等,我们力图给出相关的"药方"予以治疗。

目 录

第一章　城市拆迁的若干理论 …………………………………… 001
 第一节　城市房屋拆迁研究 ………………………………… 004
  一、关于城市房屋拆迁研究 ……………………………… 004
  二、城市房屋拆迁补偿中的博弈 ………………………… 009
  三、强制拆迁的研究 ……………………………………… 011
 第二节　国际组织对拆迁补偿安置的观点 ………………… 013
  一、亚洲开发银行(ADB)的相关观点 …………………… 013
  二、世界银行(WB)的相关观点 ………………………… 015
  三、国际组织和越南政府观点的异同 …………………… 018
 第三节　概念的界定 ………………………………………… 020
  一、城市房屋拆迁 ………………………………………… 020
  二、拆迁政策 ……………………………………………… 023
  三、拆迁人 ………………………………………………… 024
  四、被拆迁人 ……………………………………………… 024

第二章　作为考察样本的胡志明市 ……………………………… 025
 第一节　胡志明市的人口与经济社会情况 ………………… 026
  一、位置、行政单位与人口 ……………………………… 026
  二、民族与宗教状况 ……………………………………… 028

三、城市规划与结构 …… 028
　　四、经济状况 …… 028
　第二节　研究样本介绍 …… 029
　　一、关于抽样步骤的描述 …… 029
　　二、研究样本 …… 030
　第三节　胡志明市拆迁补偿安置的实况 …… 032
　　一、拆迁补偿安置的必要性 …… 032
　　二、拆迁补偿安置项目的实况 …… 033

第三章　胡志明市的拆迁补偿安置政策 …… 041
　第一节　越南城市拆迁补偿安置政策 …… 042
　　一、相关政策 …… 042
　　二、拆迁落实中存在的问题 …… 046
　第二节　胡志明市拆迁补偿安置政策 …… 061
　　一、相关政策 …… 061
　　二、拆迁补偿安置中存在的问题 …… 071
　　三、拆迁补偿安置对被拆迁人的影响 …… 082

第四章　被拆迁人对拆迁补偿安置政策及其落实的评价 …… 100
　第一节　拆迁补偿安置项目的典型案例 …… 101
　第二节　对拆迁补偿安置政策落实程度的评价 …… 114
　第三节　对安置区规划政策及配套基建的满意度 …… 117
　　一、对安置区总规划工作的满意度 …… 117
　　二、对交通方面的满意度 …… 119
　　三、对用水用电的评价 …… 121
　　四、对市场、学校等建设工作的评价 …… 122
　第四节　利益主体之间的博弈分析 …… 125
　　一、开发商与地方政府的博弈 …… 126

二、被拆迁人与地方政府的博弈 …………………… 127
三、被拆迁人与开发商的博弈 ……………………… 130

第五章 讨论与结论 ………………………………………… 133
　第一节　若干问题的讨论 ……………………………… 134
　　一、拆迁补偿安置政策方面的讨论 ………………… 134
　　二、拆迁补偿安置落实方面的讨论 ………………… 139
　　三、拆迁补偿安置对被拆迁人的影响 ……………… 141
　　四、拆迁补偿安置的安置后工作问题 ……………… 142
　　五、被拆迁人的参与权利与评论机制 ……………… 143
　第二节　结论与展望 …………………………………… 144
　　一、主要结论 ………………………………………… 144
　　二、完善拆迁补偿安置政策与促进政策落实工作的
　　　　建议 ……………………………………………… 146

参考文献 …………………………………………………… 159

附录一　被拆迁人的调查问卷 …………………………… 173
附录二　政府机关的调查提纲 …………………………… 181
附录三　调查研究中处理的数据 ………………………… 183
附录四　相关图片 ………………………………………… 192
附录五　与拆迁补偿安置相关的法律政策 ……………… 197
附录六　深入访谈的提纲与调查情况汇总 ……………… 201

后记 ………………………………………………………… 204

第一章
城市拆迁的若干理论

随着工业化、现代化的迅速发展,城市化过程也明显加速。伴随着城市的扩建及改建,城市房屋的拆迁及对居民的补偿安置势在必行。越南的快速城市化进程,开始于1990年[①],当时的越南拥有500座城市,城市化水平达到17%—18%。到目前为止,越南已建成700座城市,城市化水平达到30%左右,胡志明市的城市化水平则已达到35%。根据越南学者估算,到2020年左右,胡志明市城市化水平将达到40%左右[②]。

城市房屋拆迁是越南城市化发展中必须面对的政策性问题,也是城市扩建与旧城改造所必不可少的环节。当下,胡志明市是越南最大的城市,在城市改建与扩建过程中,拆迁项目集中,拆迁量大,拆迁难度也大。由于现行的拆迁补偿政策及其实施中所出现的问题,一定程度上延缓了其城市建设的步伐。

城市房屋拆迁涉及多方利益,在相应的补偿和安置过程中不可避免地产生了一些矛盾。事实上,拆迁已引发不少冲突,成为一个敏感的社会问题。因此,有必要通过对拆迁政策及其实践进行深入研究,理顺与拆迁有关

---

① 越南从1986年就开始实施所谓"改革开放"的战略。
② 越南和胡志明市城市化速度:快还是慢?[EB/OL].[2012-03-17].http://vietbao.vn/Xa-hoi/Do-thi-hoa-o-VN-va-TPHCM-nhanh-hay-cham/40020060/157/.为方便起见,本书脚注中出现的越南文献的作者名、标题等均已由笔者译成中文,不再括注其越南文形式。

的冲突性因素,明确拆迁补偿的范围,提出改善拆迁问题的政策建议,以缓和动拆迁过程中产生的社会矛盾。只有这样,才能真正将城市发展的实惠带给被拆迁人,形成城市面貌改善、居民生活水平提高、区域经济发展共赢的局面,从而推动胡志明市可持续的良性发展。

近些年来,由于胡志明市城市改造和城市扩张需要加大拆迁的规模,所以拆迁成为一种普遍的社会现象,引起各界专家学者关注,其中也包括社会学家。从社会学角度来看,拆迁不仅仅是将被拆迁人从原来的地方迁移到一个新的地方。本质上来讲,该过程意味着被拆迁人在面对一个新的自然条件的同时,还要面对一个新的社会条件。根据越南政府的观点,拆迁过程中应该将被拆迁人的生活方面放在第一位,在保证被拆迁人的日常生活不被搅乱的同时,拆迁补偿安置不仅仅是"搬迁"活动,更是城市社会、经济、规划、人口、环境等方面"再结构"(restructuring)的机会。

从政策的制定到政策的实践是一个复杂的过程,不是一朝一夕就能够完成的。胡志明市现阶段的拆迁补偿安置工作还存在不少需要解决的问题。因此,胡志明市第14届人大会(2008年12月)指出:"到目前为止,胡志明市需动迁2.5万户,也就是说需要建设一大批安置房来满足2.5万户居民的居住需要。但是,现在本市只有解决7 000户的能力,其他的暂时无法提供安置房和解决基地建房问题。"由此可见,拆迁补偿安置在城市化过程中,对每个城市来说都是一个困难、敏感、棘手的问题。

上述问题说明,城市房屋拆迁不仅涉及利益的分配,也关系到社会的和谐稳定问题。在促进经济发展和城市化发展过程中,拆迁不仅是城市改造的组成部分,同时也涉及广大老百姓能否享受到经济发展的成果。然而,越南(特别是胡志明市)关于城市房屋拆迁还有很多问题并没有得到合理解决。应该承认的是,拆迁不仅仅对被拆迁人各个方面有影响,而且还影响到整个城市的经济、文化,甚至对政治、治安、社会稳定等也有影响。所以,房屋拆迁是城市发展过程不可避免也不能忽略的问题。我们应该看到,每个国家、每个城市都对房屋拆迁补偿安置领域制定符合自己需求的相关法律法规和政策,胡志明市也不例外。

城市房屋拆迁在涉及多方利益的同时,给被拆迁人带来不少麻烦,搅乱了其生活的多个方面。因此,在城市改造、更新和扩建过程中,对城市房屋拆迁补偿安置进行研究是一项必需且迫切的任务。目前,商业拆迁行为有时戴着"公共利益"的帽子来实施,政府不同程度地参与强制拆迁也影响了其公信力,由此引发的冲突已成为较为敏感的社会问题。

我们力图将拆迁补偿安置存在的问题概括起来,通过探索胡志明市在城市拆迁过程中存在、发生的相关问题,以及其对被拆迁人、对城市社会经济的影响,对城市规划、城市发展提出相关的措施和对策。

对于越南来说,胡志明市是其最大城市之一,也是其最发达城市之一。因此,胡志明市在城市更新和扩大的过程中遇到的不少问题也相当具有代表性,房屋拆迁补偿安置就是其中的一个问题。有人说,在城市化过程中,胡志明市遇到的最棘手的问题就是拆迁问题,好多项目进展缓慢甚至中止是因为"动不得迁不了",原因多种多样,但不能不提到的就是拆迁的相关政策以及政策实施的问题。

第一节　城市房屋拆迁研究

一、关于城市房屋拆迁研究

(一) 城市房屋拆迁中的政府行为

无论是中国还是越南,城市房屋拆迁已经成为社会各界关注的话题。在拆迁过程中,政府总是扮演非常重要的角色,包括制定相关政策,干预和化解拆迁补偿安置带来的一系列矛盾等。越南学者李文成认为,城市房屋拆迁是一项综合、复杂、系统的活动,政府在拆迁中扮演着非常重要的角色。所以,研究政府的行为有利于规范城市房屋拆迁活动,保护拆迁人、被拆迁人、利益关系人以及国家关系,保证城市建设的顺利进行。政府行为应该包括行政行为、行政相关行为。但他强调,截至目前,越南城市拆迁补偿的政府行为的相关规定属于"既剩余又缺乏"的状况。此状况导致政策法律上所谓的政府行为存在许多盲点,所以谈城市拆迁中的政府行为该从相关法律政策说起①。针对该观点,潘春便等学者提出,在拆迁中政府与拆迁当事人之间的关系应该是行政管理关系,拆迁当事人之间就安置、补偿产生的关系为民事法律关系②。

中国学者张逢太认为,拆迁人的地位和权限应该不相同,他认为,拆迁补偿安置活动中,各级政府应该扮演独特和唯一的拆迁人③。中国学者王文宝从城市房屋拆迁中政府角色失灵的角度来分析。在他看来,中国城市房屋拆迁管理中存在政府失灵现象,譬如政府职能的"错位""越位""缺位"等导致政府失灵现象。由此他提出规范房屋拆迁中政府失灵的矫治对策,政府不应过度介入城市商业性拆迁领域,强化政府行为监督与惩罚机制,改善目前政府的角色定位,以使城市房屋拆迁达到公平、合理、透明、实效的效果④。

可见,学者们研究政府行为在拆迁活动中的作用后,都认为政府不应该参与和干预拆迁过程,只应扮演指导者和监督者的角色。但笔者认为在特定情况下政府也要参与和干预。在越南,尤其是胡志明市,有的项目如果政策不干预的话就永远不会顺利进行。问题的关键在于,在拆迁过程中,政府不能过度干预,也不能搞"独权""特权"。为了实现"三公"(公平、公正、公开)的拆迁活动,政府应该将被拆迁人的合法利益放在第一位。

(二) 城市房屋拆迁的补偿与安置

拆迁补偿安置是城市拆迁工作的重点,也是产生纠纷的主要原因。因而,学者对拆迁补偿安置问题做过大量研究,这并非偶然,不论是西方学者还是东方学者,不管是越南学者还是中国学者都在该领域频繁进行调研。譬如,对于拆迁补偿的价值基础问题,越南学者都认为,房地产的成本包含

---

① 李文成. 被拆迁群体的经济社会生活:实况、问题及对策[J]. 越南社会学杂志,2006(3).
② 潘春便,等. 提高胡志明市的城市管理能力[M].胡志明市:胡志明市出版社,2004.
③ 张逢太. 城市房屋拆迁中的问题及其对策[J].中国房地产,1998(9).
④ 王文宝. 城市房屋拆迁中的政府失灵及其对策[J].产业与科技论坛,2011(3).

主要的3个部分：建筑的成本、经营管理费用和土地价格。土地价格包括土地征收拆迁金额、土地上的基建建筑费用、土地平整费用以及收益金。其中拆迁补偿费是建设单位因在城市建设中需要拆除被拆迁人所有的房屋及地上附属物而向被拆迁人支付的安置补偿款的总额，属于地价的范畴①。

中国学者徐凡等认为，补偿原则实质是一种赎买，也就是说，拆迁中拆迁人首先通过市场价格购买被拆迁房屋，然后进行拆除。姜开勤以农村土地为研究对象，把征用土地的增值收益来源划分为土地投资增值收益、农用地非农发展增值收益、土地自然增值收益和征地"不完全补偿"增值收益4部分。他认为在土地增值收益分配中，因对被征用土地的投资而形成的增值收益应按"谁投资谁收益"的原则在国家、集体和农民之间分配，农用地非农发展增值收益应该归国家，而土地自然增值收益应归农民和个体②。

柯复认为应将拆迁补偿价格标准定位在不需被拆迁人进行住房消费的前提下，在原地段提供与原拆迁房相等面积（或不少于原拆迁房面积）的回迁房。也就是说，把拆迁补偿价格标准从原来的"等价交换"转变为"等面积交换"③。对于此问题，孙光卫也认为房屋拆迁等面积"以旧换新"，被拆迁人不支付差价有其合理性。因为房屋拆迁不同于一般商品交易，它涉及被拆迁人房屋所有权，涉及政府的土地所有权和拆迁人的开发权，从公正意义上说应该是由三者来分享开发利益，"以旧换新"中的"旧"，不仅仅限于被拆迁旧房，还应包含其附加值，即除房屋以外的其他损失和土地增值收益等。他进一步建议应实行土地增值均分、原地安置④。

从另一角度来看，越南学者主要对拆迁过程中被拆迁群体的日常生活受到影响而发生的社会问题进行研究。譬如，阮光荣调查被拆迁户的弱势群体（简称"弱拆"），研究在胡志明市的城市改造和更新过程中对"弱拆"工作、就业和生活水平等若干方面的影响。他还认为在城市房屋拆迁中，"弱

---

① 李文成.被拆迁群体的经济社会生活：实况、问题及对策[J].越南社会学杂志，2006(3).
② 陈丹.建筑师眼中的拆迁安置房现状与对策[J].四川建筑，2004(8).
③ 柯复.对房屋拆迁补偿价格标准的思考与建议[J].中国房地产，2003(12).
④ 孙光卫.房屋拆迁"以旧换新"被拆迁人该不该支付差价——城市房屋拆迁补偿标准的创新[J].中国房地产，2007(1).

拆"是很容易受伤的群体,因此应该更加慎重地考虑对"弱拆"产生的各方面的影响[1]。阮红山通过考察岘港市近些年来的拆迁情况,把拆迁前与拆迁后的群体进行对照,以便观察其生活水平的变迁。其研究指出,尽管越南相关政策规定群体拆迁后的生活水平必须跟拆迁前的生活水平一样高或者提高,但实际情况是,以岘港市为例,拆迁后的被拆迁人群生活水平并不如以前高,也不比以前稳定。所以这项研究提供了若干对策以便提高被拆迁群体的生活水平[2]。

中国学者陈丹对拆迁安置房所存在的问题做了一定的总结,他认为目前主要存在的问题包括:建造标准偏低;社会重视不够;规划与管理相对滞后;安置房土地供应方式优惠幅度较小导致开发商控制成本,牺牲质量;公共设施不配套;安置房开发企业素质低;户型设计不合理等。这其实也是被拆迁人抵制安置住房的主要原因[3]。

(三) 城市房屋拆迁中的公共利益

英国自由主义法学家约翰·密尔在其名著《论自由》中也曾就公共利益问题做过如下的论断:"这就是说,对于文明群体中的任一成员,所以能够施用一种权力以反其意志而不失为正当,唯一的目的只是要防止对他人的危害。若说为了那人自己的好处,不论是物质上的或者是精神上的好处,那不成为充足的理由。……任何人的行为,只有涉及他人的那部分才须对社会负责。"[4]。也就是说,公共利益应该首先是一种个人利益与社会利益的秩序关系。笔者认为在城市房屋拆迁中的公共利益包含个人利益、社会利益与国家利益。要强调的是,公共利益并不属于个人需求或者个人欲望,我们也不能将公共利益视为政府当局所做的政策决定。政府有时会误读社会利益的要求,可能会在制定与执行公共政策时把国家之船引向灾难和覆灭的深渊。

---

[1] 阮光荣.城市改造过程中的社会问题:减少对于弱势群体的伤害[J].越南社会学杂志,2011(1).
[2] 阮红山.越南岘港市拆迁群体的生活水平变迁研究[R].部级课题,2009.
[3] 陈丹.建筑师眼中的拆迁安置房现状与对策[J].四川建筑,2004(8).
[4] 约翰·密尔.论自由[M].许宝骙,译.北京:商务印书馆,2007:10-11.

关于城市房屋拆迁中公共利益的研究领域，目前为止，越南学者关注该领域并不多，相反国外学者特别是中国学者已经进行过深刻且大量的研究。近年来，对中国而言，随着《物权法》的出台，此问题更是引起了各界学者的广泛关注。

首先，对于公共利益的界定，中国学者认为，按照不同的标准将公共利益分为：① 国家利益和社会利益；② 公法中的公共利益和私法中的公共利益；③ 公共利益在立法中的分类。同时，提出了完善判断中国公共利益的构成要件：第一，公共利益是不特定的多数人的共同利益。第二，公共利益是由国家提供和维护的公共性产品。第三，公共利益判断的重大性标准。第四，公共利益的个体性构成要件。对于公共利益的确定，他们认为应该设计一套合理公正的程序用以保证公共利益的合法与正当，解决公共利益与私人利益以及不同公共利益之间的矛盾。在具体实施上，他们认为应明确法院作为公共利益的最终且唯一认定人。笔者认为公共利益的内涵虽然有重叠，但又存在区别，如为了增加财政收入的拆迁行为虽然体现了政府利益或者说国家利益，但不是公共利益。

其次，王利明认为应通过司法个案来确定公共利益的内涵，并认为其界定应该由法官决定。法官需要通过创造性的裁判在案件中赋予公共利益基本的判断标准，即把公共利益具体化[①]。但笔者认为，这对司法水平整体不高的国家来说，这样也有两个问题：一是司法在公共利益判断上能动性如何，边界到底在哪里；二是司法部门在处理此类案件的时候能有多大的独立性，能在多大程度上保持公平公正，这都是值得深思的。

最后，若干中国学者认为，中国现阶段不宜对公共利益的范围限定过死，应该作宽泛解释。如黄戌娟针对集体土地征收，提出基于城市化进程需要、国家对土地垄断的需要以及土地资源的特点和征收权的性质，需要对公共利益作宽泛解释[②]。倘若主要受益人为社会公众，则应确认公共利益的存在，即便商人或民事主体顺势从中合法受益也是如此；倘若主要受益人为某

---

① 王利明. 物权法草案中征收征用制度的完善[J]. 中国法学，2005(6).
② 黄戌娟. 公共利益在中国土地征收中的定位[J]. 三峡大学学报(人文社会科学版)，2007(6).

商人或民事主体,则应确认私人利益的存在,即便公众顺势从中合法受益。这种标准不是立足于政府征收私人财产的目的,而是立足于征收私人财产以后的实质利益归属,具有一定的客观性、可操作性与公平性[①]。

二、城市房屋拆迁补偿中的博弈

从20世纪80年代开始,越来越多的经济学家运用演化博弈理论来分析各种社会现象和经济现象,诸如社会制度变迁、行业发展趋势、股市发展方向、消费者对品牌的选择、社会学习过程等领域的相关问题。同时对演化博弈理论的研究也开始由对称博弈向非对称博弈深入,并取得了一定的成果,如泽尔腾首次深入地研究了非对称博弈动态稳定性,并利用两群体博弈情形证明"在非对称博弈原初进化稳定策略必定是严格纳什均衡"[②]。20世纪90年代以来,演化博弈理论的发展进入了一个新的阶段。威布尔比较系统、完整地总结了演化博弈理论,其中包括一些最新的研究理论和成果[③]。

21世纪以来,演化博弈的发展又出现了一些新的思路。Guttman用演化博弈理论研究了互惠主义在有机会主义存在的群体中是否能够存活的问题[④]。Kosfeld研究了德国超市购物时间反常现象,并建立了演化博弈模型[⑤]。也有人把博弈论应用到城市拆迁领域。中国学者冯玉军认为城市拆迁过程中私人权利、公共利益、个人利益、政治权力以及商业利益往往交织在一起,并从政府管理者的政绩观、地方城市房屋拆迁条例的合宪性、地方政府的拆迁补偿自由裁量权以及拆迁评估等方面分析了城市拆迁出现博弈的原因[⑥]。梁胜认为当前的城市房屋拆迁行为实际上是公权与私权的大博

---

① 徐海燕. 公共利益与拆迁补偿:从重庆最牛"钉子户"案看物权法第42条的解释[J]. 法学评论,2007(4).
② R. Selten. Evolutionary Stabilsty Extensive Two-person Games: Correction and Further Development[J]. Mathematieal Social Science,1980(16).
③ W. Weibull. Evolutionary Game Theory[M]. Cambridge: MIT Press,1995.
④ J. M. Guttman. On the Evolutionary Stability of Preferences for Reciprocity[J]. European Joumal of Political Economy,Vol.16 (2000).
⑤ M.Kosfeld. Why Shop Close Again: An Evolutionary Perspective on the Deregulation of Shopping Hours[J]. European Economic Review, Vol.46 (2002).
⑥ 冯玉军. 权力、权利和利益的博弈——中国当前城市房屋拆迁问题与《物权法》的实施[J]. 学术研究,2008(2).

弈,直接体现在公权和私权之间的严重对立,通常是公权凌驾于私权之上,表现为政府职能的错位、越位和缺位。李钟书基于利益平衡的观点,提出运用博弈论的思想解决拆迁中的纠纷①。黄信境论述了公共利益、被拆迁户利益、开发商利益和政府利益这4种利益之间的交互博弈关系,认为政府、开发商和被拆迁户是城市房屋拆迁中的主要利益主体,并指出三者在博弈中的地位。彭小兵、谭蓉、户邑分析了拆迁商及被拆迁者利益博弈的本质,指出由于拆迁本身具有行政强制性,因而被拆迁方缺乏对拆迁交易的退出决策权,被拆迁方面对的是一个垄断的市场以及信息不对称所造成的拆迁合同的不完备性,导致合同执行中需要较高的监督成本,高昂的组织成本也使得被拆迁者难以通过拆迁方的一体化来保障自己的拆迁利益,而政府的内在拆迁"扩张冲动"会给被拆迁者带来经济利益上的损失,在这种情况下城市拆迁中大量的被拆迁者利益更容易受到损害,由此指出在城市拆迁中信息沟通与政府监督的重要性②。闵一峰、吴晓洁、黄贤金、许蕾则从政府供给原有制度与进行制度创新两种类型进行博弈分析,认为在城市房屋拆迁的博弈中,由于政府拥有强大的行政优先权和强制执行力,加上开发商的幕后策划和拆迁实施单位的帮助,被拆迁居民在利益博弈中往往处于弱势地位。而政府拆迁行为的随意性和野蛮性会激起被拆迁居民的逆反心理,从而采取拖延——对抗策略,增加拆迁的交易成本,加剧博弈局中人的利益冲突。解决冲突的关键是进行制度创新,通过公共利益限制与公平补偿来规范政府权力和保护居民财产权,协调不同拆迁主体之间的利益矛盾,探索利益共赢的拆迁制度体系。但他们对利益共赢的拆迁制度体系本身的研究却过于宏观,也缺乏指导性思路③。

这些城市房屋拆迁的博弈研究,考察视野较为广阔,涉及的层面也开启了城市拆迁博弈论研究之先河。但这些研究较多关注的是对现有房屋拆迁

---

① 李钟书.从房屋拆迁估价谈中国城市拆迁立法走向[J].中国房地产,2004(5).
② 彭小兵,谭蓉,户邑.城市拆迁纠纷的博弈分析及对策建议[J].重庆大学学报(社会科学版),2005(5).
③ 闵一峰,吴晓洁,黄贤金,许蕾.城市房屋拆迁主体行为的博弈分析[J].中国房地产,2005(4).

制度或拆迁流程某一个阶段所造成的博弈均衡的分析,并且都指出了现有城市房屋拆迁制度安排或流程中所存在的问题,以及所造成的影响。研究较多存在就拆迁而谈拆迁博弈的倾向,将城市房屋拆迁前半阶段土地出让与后半阶段房屋拆迁割裂开来,因而缺乏对造成整个城市房屋拆迁冲突的制度根源的把握,弱化了政府作为拆迁参与人的作用,其相应的结论与政策建议也较多是在既定框架下的探讨,缺乏对实践的指导。

三、强制拆迁的研究

任何国家尤其是发展中国家,在城市化大力推进过程中,必然要求大规模的土地开发和城市房屋拆迁。近些年来,在越南多个城市中,为了城市规模扩大、城市更新、城市改造的需求等,拆迁规模也随着加剧膨胀,因为拆迁补偿问题而导致的利益纠纷和社会冲突越来越激烈。事实上,拆迁不是"一帆风顺"的事情,因拆迁而导致的各种社会问题越来越多:暴力抗拆、野蛮拆迁、黑社会拆迁、集体示威、集体上访等,其中较为典型的有海防市仙浪县被拆迁人用自造武器抵抗执法的拆迁人事件[①]、岘港市的焚烧事件、胡志明市的自杀事件等。拆迁问题确实影响到了被拆迁人的生活质量和社会稳定。因此,最近学者们对于强制拆迁领域的研究越来越多。学者们认为强制拆迁具有以下特点:第一,拆迁双方力量日益悬殊。地方政府作为拆迁主导方可以便利地启动强制拆迁程序,甚至以暴力方式组织强制拆迁,而作为个体的被拆迁人与地方政府相比实力单薄,根本无法与组织化的拆迁人抗衡。第二,违法拆迁日益严重。拆迁中,地方政府为了获取巨额土地财政收入和更快的城市建设速度,往往打着公共利益的幌子,借助公共权力的力量,在社会监督缺位的情况下进行强制拆迁,违法强拆行为频频发生。第三,被拆迁人对抗日益极端。由于拆迁双方力量严重失衡,在强大的地方政府和拆迁人面前,被拆迁人极其脆弱,被拆迁人为了维护自身合法权益,采

---

① Vụ Tiên Lãng là bài học lớn về tư duy pháp luật đất đai(越南海防市仙浪事件以及土地立法思维的大教训)[EB/OL].[2012-04-20].http://vnexpress.net/gl/xa-hoi/2012/02/vu-tien-lang-la-bai-hoc-lon-ve-tu-duy-phap-luat-dat-dai/.

取的对抗方式日趋极端,如自焚、自造武器抵抗等①。中国学者邵慰在新制度经济学的视角下,围绕公共利益补偿标准和政府角色等城市房屋拆迁中的核心问题,对中国城市房屋拆迁中出现的一些现象进行解释,对现行的中国《城市房屋拆迁管理条例》进行评价,并对中国《国有土地上房屋征收与补偿条例》的制定提出建议。邵慰认为应该把公共利益、补偿标准和政府角色更加透明化才能减少强制拆迁问题,因为强制拆迁不是最好的办法,甚至会引发社会冲突与社会矛盾。②

朱志军等认为应取消非公益拆迁中的行政裁决制度。在非公益拆迁中,政府应强化对开发商的管理,除检查、规划、立项等工作外,对拆迁人与被拆迁人之间的纠纷应发挥协调作用,但不应居中裁决,更不应对被拆迁人做出强制性的行政决定。这是因为拆迁人与被拆迁人是平等的民事主体,两者的权益纠纷归属于私益领域,完全可以通过司法的途径解决,而国家的公权力不应过多介入到私益领域。③

邹双卫从强制拆迁的正义性分析入手,认为中国现有的拆迁制度无论从实体视角还是程序视角均缺乏正义性。因此他提出要对强制拆迁进行规范,必须在法治的框架内构建合理的"公共利益"决断机制、国家强制力介入机制和充分补偿机制,从程序到实体的各个环节充分保障被拆迁人的合法权益。④

张殿军等指出强制拆迁存在的问题包括:① 超越立法权限,地方法规中有关土地使用权收回的内容已超过了自己的立法权限;② 侵犯公民的私有财产,与宪法相关规定矛盾;③ 违反民事行为平等自愿原则;④ 拆迁补偿不合理;⑤ 司法救济薄弱等⑤。

越南学者潘辉趋认为,在拆迁补偿过程当中,强拆是最低端、迫不得已、

---

① 赵芮浩.强制拆迁相关问题研究——兼评《国有土地上房屋征收与补偿条例》[D].北京:中共中央党校,2011.
② 邵慰.城市房屋拆迁制度研究[D].大连:东北财经大学,2010.
③ 朱志军,等.宪法修正案第二十二条对拆迁立法的影响[J].黑龙江省政法管理干部学院学报,2005(5).
④ 邹双卫.论强制拆迁的制度反思与重构[J].广东广播电视大学学报,2006(3).
⑤ 张殿军,孙轩轩.城市房屋强制拆迁制度的失范与重构[J].经济论坛,2006(23).

"下策"的手段。因此,每次使用强制拆迁的时候应该仔细地考虑被拆迁对象的困境,否则,"老百姓的房子可以拆和迁,但与此同时老百姓的'心'也被拆掉了"[①]。范德认为,强制拆迁本身总是存在其社会问题、危机与风险。所以,应该从多层面来分析强制拆迁中存在的问题(从执行程度、执行角度与社会根源等入手),还应该从政府、被拆迁人、社会稳定这3个角度来分析和平衡利弊,要考虑的是强制拆迁的风险及危害[②]。

第二节　国际组织对拆迁补偿安置的观点

一、亚洲开发银行(ADB)的相关观点

ADB对若干亚洲国家的拆迁补偿与移民安置项目进行投资,而且该银行对移民安置进行研究的同时,提供对移民安置问题的解决办法。根据研究ADB指出,动拆迁与移民安置涉及一系列的影响[③]。据ADB的观点,强迫移民是个敏感的问题,这意味着经济、社会、政治的利益的相互对抗,关键是大多数情况下这是难以调和的。因此,在拆迁过程中若不重视移民安置的项目则会影响经济发展与环境保护。受到严重影响的首先就是环境(产生了环境负面后果),因为移民安置的过程涉及居民住宅、居民失地等。ADB指出,"为了生存,被迁移人尽可能利用生态脆弱的地区,造成了环境退化,后果变得更严重"。所以ADB认为,在拆迁过程中需要把"环境问题"作为需要"共同解决"的问题。

此外,涉及发展问题时也要考虑更全面的安置问题。ADB认为,在移

[①] 潘辉趋.胡志明市被拆迁群体的社会生活:实况与对策[M].河内:胡志明国家大学出版社,2005:173.
[②] 范德.社会舆论与社会稳定[J].越南政治理论与通讯杂志,2010(11).
[③] 亚洲发开银行.安置的锦囊:实施指导[M].越南国家政治出版社,1995:16.

民安置过程会影响环境、社会、经济的可能性越来越高的同时,政府应该对人民的社会福利投以关注,移民安置可以看作发展问题。

在现代社会中,"人"就是社会发展的目标(以人为本)。站在"以人为本"的立场,ADB强调"有可能在一定的项目中,政府为了社会的发展目标可以干涉到少部分人民的利益。在这种情况下,受到不利影响的群体应该向其咨询与听证,获得相应的补偿、赔偿和援助,以重新获得家园、社区等"。如此,为了实现公共利益的目的,ADB不否认和排除拆迁的活动(在城市更新、城市改造和都市化过程中,拆迁是不可避免的问题)。只不过,ADB提出,在拆迁过程中应该为了各方面和利益主体着想,不论其属于哪个群体,都不受任何歧视。

ADB也推测出可能的矛盾和冲突:在拆迁过程中,个人与个人之间、个人与群体之间甚至个人与社区之间,或者相关利益主体之间有可能发生冲突。那时候应该平衡各方的利益和目的。ADB强调:"不少动迁移民的项目对于当地、地区或国家的发展是很重要的。然而,与此同时,也产生了被拆迁人利益和国家利益的冲突。所以,重要的是应该在考虑到各方的利益(平衡各方利益)的同时,仔细地考虑各个方案的可能性,以便减少移民数量,或者最小地影响到当地的经济社会稳定性;着力把权利、利益和矛盾化解。如不能避免移民、安置的场合,应该遵从如下几个原则:① 保护被拆迁人的权利与生活;② 对被拆迁人进行妥当的补偿;③ 对被拆迁人与拆迁群体应该考虑到其经济、社会、文化的发展空间。"

ADB对各类拆迁项目的水准和影响规模的分析已经提出:在拆迁过程中,城市更新和城市改造是对被拆迁群体最大的影响。从这一看法出发,ADB对于安置问题提出以下几个原则:

(1)对补偿的标准来说,补偿的价格水准等于"没有"拆迁项目。就是说,安置之后,被拆迁人的生活水平不差于原来"没有拆迁过"的情况。

(2)任何人因拆迁而受到影响都应该获得补偿和恢复生活。补偿标准和补偿范围应该按照被拆迁人的损害规模来制定(当然,对于不合法占用公共的土地或其他的资源就不会收到任何的补偿)。

(3) 对于某拆迁项目处于"迫不得已"之移民的时候,应该对安置项目仔细计算而提出具体的时间、地点和资本。安置计划必须设计在社会发展战略中。补偿条款、标准、价格以及安置地点、基建、配套等应该提前计算,以便被拆迁人能在新的安置地点很快恢复稳定生活。

(4) 对于拆迁项目,ADB 认为:在任何情况下,拆迁过程中应尽力避免或减少移民。如果不能避免,应该保证被拆迁居民安置之后,其生活质量和生活水平至少不差于原来的生活水平。并强调:安置和重新安置成本可能会增加,但社会效益大于成本。

(5) 安置项目应该考虑到经济、社会、环境、文化等方面的影响,从而提高安置工程的质量。做好拆迁(包括安置工作)将促进社会公平、公正地发展。

总之,ADB 的安置手册的主要内容是,在一般规则的框架下,要特别注意到因拆迁而失去土地或失去生计(农民用地被改为商业、贸易等所用)的居民。

二、世界银行(WB)的相关观点

无论在其他亚洲国家也好,还是在越南(特别是胡志明市)也罢,WB 对于城市拆迁补偿安置问题都提出过不少意见和观点。可以说,在胡志明市,WB 是第一个对拆迁补偿安置,尤其是强制移民问题,给地方政府提出相关对策及解决方法的国际组织。

总体来看,WB 与 ADB 的类似观点是:在拆迁过程中,尽量减少搬迁项目。在必要情况下才能考虑搬迁的同时,应该考虑和选择最好的方式来进行。因此,胡志明市有 WB 资助的一些城市更新与改造项目已经选择"拆迁而不移民"[①]的方案。但如果不能"原地安置"的话,WB 也提出要确保安置问题的 3 个重要因素:

(1) 对被拆迁人因拆迁而导致的财产损失、收入下降、生计影响等进行适当补偿。

---

① 在越南这种"拆迁而不移民"受到地方政府欢迎。该方式也称"原地安置"。

(2)在搬迁过程中,为被拆迁者提供适当的生活条件和良好的服务,包括提供住宅以及基本生活用品。

(3)对被拆迁人重建家园提供帮助和援助。

不仅如此,WB还鼓励被拆迁人迅速重建社会和经济一体化的新社区,尽量减少、化解各种因拆迁而产生的冲突和矛盾。WB还提出,如果安置工作做得好,可以防止被拆迁人的贫困化,甚至还可能通过安置手段为其脱贫提供机会而减少贫困人群。为了解决好安置工作相关的问题并取得成功,WB提醒,安置移民时需要注意以下几个因素:

(1)在拆迁过程中,地方政府应该制定好相关政策,考虑资源分配和透明度问题。

(2)在安置项目实施过程中必须遵循的程序和制定的准则。

(3)在安置工作中,对社会、经济、文化、人口等因素应正确地评估和分析。

(4)正确估计成本和财务能力,按照项目建设进度提供确定性内容和进行安置工作。

(5)对于安置项目管理部门来说,应该把效果看作指导方针以及满足地方发展需要的机会。

(6)被拆迁人应该参与提供意见和建议,其中包括安置地点、安置目标和与安置相关的解决方案等。

根据WB的报告,拆迁移民安置会导致经济、社会、环境的危机:生产程序可能被破坏,拆迁过程中被拆迁人的收入下降或者失去生产条件,被拆迁人可能面临贫困的风险。此外,新安置点距离原来的位置较远,会影响到被拆迁人的工作和就业问题,并且会导致社会机构、社会共同体、社会网络被中断,亲属关系可能受到影响,文化传统、互助互爱等传统价值观念也可能会丢失。可以说除了"有形损害"如房子、土地损失之外,被拆迁居民还会有"无形损失"。

WB还提出,搬迁支付费用、拆迁安置资金的计算应该放在社会发展计划中。拆迁补偿安置资金不仅仅是房屋资金,还应该包括:土地补偿、房屋补偿、生产受影响的补偿、搬移运输费用补贴、新建筑补贴、基建工作补贴、重新恢复日常生活补贴等。WB强调,重新恢复日常生活(社会生活与经济生活)是最重要的。但实际上,这是非常难以做到的,因为"重新恢复日常生活"的概念是无法准确衡量的。

此外,WB认为城市拆迁安置项目需要认真、严肃地考虑和平衡利弊,不只是对经济利益的考虑,还应该涉及社会、环境、生态和减贫等方面的考虑。在WB看来,拆迁补偿安置应该全方位地从城市可持续发展方面来考虑,拆迁安置项目本身并没有意义,拆迁安置项目只在城市可持续发展战略中才真正具有价值。WB强调,如果拆迁补偿安置过程中忽略或不考虑到经济利益与社会利益的平衡,不考虑到对城市环境的影响,不考虑到对被拆迁居民的各个方面的影响,可能会产生不少社会问题,例如:收入下降、失业、辍学、环境污染、社会关系被破坏等。并且,如果拆迁补偿安置政策落后、不一致、有漏洞,其执行不落实、不到位、前后不一等现象可能会导致城市贫穷群体数量增加,造成本城市各种各样的社会问题。因此,为了城市可持续发展战略,面对拆迁补偿安置项目,政府(包括地方政府)应该周到地考虑,前后一贯地解决拆迁相关问题。此外,WB也提醒,对于搬移到安置点的拆迁搬移居民,为避免邻居情感发生冲突和矛盾,地方政府应有相关措施来化解冲突和矛盾。近些年来,胡志明市政府的相关政策或多或少已经考虑到该问题。在胡志明市,不少拆迁补偿安置项目已经对被拆迁居民进行"非物质"的补偿。具体地说,胡志明市的饶禄—氏义运河(Kênh Nhiêu Lộc- Thị Nghè)改造项目,豆腐渠道(Kênh Tàu Hủ)、义安渠道(Bến Nghé)、双道渠道(Kênh Đôi)、磇渠道(Kênh Tẻ)的改善水环境项目,新化—陶瓷炉(Tân Hóa-Lò Gốm)地域城市改造项目(也称415项目)等项目已把被拆迁居民的社会方面的损害看作拆迁补偿安置的一部分来进行补偿和补贴。实际上这还不是通过扩大补偿范围、提高补偿价格来"帮助"被拆迁居民得到一点额外"优惠"的问题。所谓"非物质""后安置"的真正问题是:这是满足被拆迁居民的就业机会、职业培训、就学和医疗等方面的基本需求。这在实践中碰到不少困难。胡志明市很多被拆迁安置居民并没有得到任何"非物质"补偿,他们只能"自发行动",以便适应"新安置点"。

国际组织对拆迁补偿安置的观点是:拆迁不仅仅是房屋损害,还损害到经济、社会、环境等方面。拆迁移民过程将使被拆迁居民的日常生活被搅乱,生活各方面(包括经济生活、精神生活)被骚扰,生态环境被威胁等。国际组织之所以这样宣告是因为拆迁安置项目不光对物质方面有影响,还会影响到非物质方面。如果不考虑周到就会对社会造成严重的后果:很多被拆迁人因拆迁而导致贫穷;民间文化传统可能会丢失;被拆迁人会碰到不少新困难,例如上班路程远、办户口手续麻烦、给子女转换学校困难等①。因此,拆迁补偿安置项目也应该把"无形损害""非物质"补偿概念制定成具体的政策来对被拆迁人提供相关的损害补偿。不管怎么说,"拆迁"不能拆老百姓对政府的信心。

三、国际组织和越南政府观点的异同

上文的若干国际组织对拆迁补偿安置问题所提出的各自的看法和观点,很多与越南政府是相同的,但也有不相同的地方。下面,我们对其中的异同进行对照。

在一般情况下,有很多与安置问题相关的原则,但其中若干原则是国际组织与每个国家都具有共同点的。以下是越南政府与若干国际组织的安置计划和补偿、补贴方面的共同点。

安置计划的共同点:

(1) 拆迁项目中可以避免的移民项目尽量避免。

(2) 不可避免拆迁的话,在拆迁之前应该设计好安置点。

(3) 确保被拆迁人的生活水平比原来好或至少不差于原来的。

(4) 在拆迁期间必须有各方的参与(政府、开发商、拆迁人、被拆迁人等)。

(5) 建立移民安置的机构。

补偿、补贴方面的共同点:

(1) 安置后期:对于被拆迁人已经搬到安置点但仍然生活困难的,应予以关心和支持。

---

① 在胡志明市,没有本区县的户口小孩就不能就近上幼儿园。因此,如果被搬移到新安置点就应该到地方政府要求转换户口本的登记手续,否则就很麻烦了。

(2) 对于"无形的支付"("非物质"的)：除了现金式补偿(包括钱、房、土地等)，应该考虑到"非物质"方面的补偿(文化、社会、宗教等)。

区别点：通过若干国际组织和越南相关法律对拆迁补偿安置观点的分析，我们发现还有如表1-1所示的种种不同。

表1-1 两者的不同点

区　别	越南相关法律的观点	国际组织的观点
看　法	拆迁补偿安置应该从社会管理角度来确定。因此，对于不同的安置对象(被安置人、被安置类型等)应提供不同的帮助与安排	拆迁补偿安置应该从人道主义和发展角度来确定。此外，还应该从经济角度来考虑安置问题。应该平衡各方利益主体
拆迁安置的重要性	目前，在越南的相关法律中，该问题并没有提到太多，只是停留在建立一个法律框架，让安置项目方便地进行以及确保人民的利益而已	把拆迁补偿安置看作一个多层面的问题来考虑。其涉及社会经济发展、政治稳定的因素与社会公平公正的表现
"非物质"的补偿	在越南法律框架中，目前对于"非物质"与"无形"的补偿没有明确的规定。大部分的政策框架中，主要确立补偿金额、补偿损失进行步骤以及对被拆迁人物质方面的补偿和补助。所谓"非物质"补偿领域，有的相关法律已提到，但似乎并未有具体化的行动方案，比如提供给被拆迁人的创业、就业机会与培训，或者给予被拆迁人安置权利等	对于安置问题的原则很明确地提到被安置人员的直接影响因素。强调安置过程中以及安置后的各项相关法律规定与其措施。其中强调对于拆迁项目进行"非物质"补偿的原则。在其安置概念中已经提到"非物质"上的支持。因此可见，国际组织对于拆迁补偿安置问题已强调不仅是"物质"补偿还需要进行"非物质"的补偿
政策的受益者	跟国际组织相比，越南的补偿安置的相关法律框架中具有所有权的问题。城市更新与改造关联到拆迁问题，根据被拆迁方的所有权(房屋、土地等)进行补偿。具有所有权者才能得到适当的补偿，反之则不会获得相关的补偿	无论是合法还是不合法、有没有所有权，房屋与土地不分法律根据或使用时间，受到当时的项目影响就应获得适当补偿。其中强调："我们的政策是开放的，不论有没有所有权，凡是受到影响的人就可以适当地获得补偿以及恢复原来的生活"[①]

---

① 亚洲开发银行(ADB). 移民手册：使用指南[G]. 1996.

第三节 概念的界定

一、城市房屋拆迁

拆迁或是拆除(demolition)在越南政府的各种决议中常用来指国家、投资者、开发商以及各方利益主体的权利和利益。在本书中拆迁概念是指拆迁清除旧的结构、建筑和建筑物,促进相关项目的顺利进行。

城市房屋拆迁(urban housing demolition)是指国家为了建设,城市为了更新、扩大、改造、"整容"等的需要,按照相关法律法规拆除需要拆除的房屋和建筑物,同时对土地使用权、房屋所有人等给予相应补偿、安置等。本书的研究范围仅限于胡志明市的城市房屋拆迁,其中包括有关拆迁补偿的政策、拆迁补偿方式、安置方式、拆迁后的工作、拆迁中对被拆迁人的各方面影响、拆迁中各方利益主体的博弈等。研究城市房屋拆迁会关联到补偿(compensation)和安置(placement)这两个重要的概念,因此我们应该了解"拆迁补偿"和"拆迁安置"(resettlement)的概念。

(一)拆迁补偿

一般意义上说,补偿是指对已经损害、损失的财产以实物或金钱进行弥补、替换。拆迁是指国家为了公共利益与经济发展等需要而收回土地、房屋所有权、建筑物等的相关行为。换言之,拆迁补偿是指国家(或拆迁人)按照相关的法规,对因城市房屋拆迁造成合法权益受到损害的人给予经济补偿[1]。拆迁补偿政策及其落实,包括拆迁补偿的方式、范围、对象和标准等方面。

---

[1] 目前有研究者提出,除了对被拆迁人给予适当的经济补偿(物质补偿),还需要进行精神补偿(非物质补偿),这种观点引发了不少争议。

(二) 拆迁安置

安置是指"使人或事物有着落、安放"。拆迁安置一般是指被拆迁人从一个地方转换到另外一个地方,这是拆迁安置的狭义解释。拆迁安置的广义解释是指安置社会发展的管理过程,包括对于被拆迁人的生活方式、生计、生活条件等经济、文化、社会等方面的"安置"。在越南法律中,拆迁安置被解释为"政府、国家按照相关法律的规定对因城市房屋拆迁使得合法权益受到损害的被拆迁人给予相应的房屋、土地、实物或者其他方式的补偿"。

1. 越南法律法规中的安置概念

目前在实施的各种安置项目中,"安置"概念分为两种类型:非移民搬迁安置与移民搬迁安置[①]。非移民搬迁安置通常用在城市改造、更新和房屋建设、老住宅改造等场合。近年来此方式被越南政府重视和鼓励,地方政府在城市化过程中多在拆迁项目中应用,因为其对被拆迁人的生活方式、生活环境等影响较小。越南学者也提醒,不要以为非移民搬迁安置就是被拆迁人按照原来的地方来居住而新的位置(新安置点)不会离原来的地方太远。问题的关键是,在"新位置"与"旧位置"具有比较相同的社会环境的同时,新的地方住宅条件、生活条件、技术设备、社会基础设施比原来的更好[②]。

根据越南国情来看,在城市改造与更新中拆迁补偿的工作主要根据越南《土地法》与中央政府的相关政策议定。随着拆迁安置的各种项目涌现出来,相关法律也纷纷出现,可以说拆迁补偿的政策越来越完善,也越来越符合实际的要求。

在胡志明市,最早的安置政策就是胡志明市政府 1202 号/QĐ - UB 1993/8/10 决议。该文件提到,对具有合法居住与合法财产的应给予相应价值的赔偿,各区在建筑新的住宅时需给予被拆迁人相应住房。其他的(如没有合法居住的等)根据不同的条件可以补贴一部分。2004 年 12 月 7 日,

---

① 非移民搬迁安置并不是"没有搬迁",而是被拆迁人不搬迁到另外的地方,在项目完善之后,被拆迁人能按照原来的地址定居。相反,移民搬迁安置就是被拆迁人要搬迁到别的地方,可能离原来的地方很远。由此可以看出,前者被拆迁人没有改换生活环境而后者被拆迁人原来的生活环境发生了变化。
② http://www.baomoi.com/Home/DauTu-QuyHoach.

★ 越南城市化进程中的政策实践

胡志明市 116 号决议《116/2004/TT‐BTC》认定,安置是拆迁中的重要部分,即房屋、住宅等被迁移之后,被拆迁人应当具有拥有新住宅的权利。该决议提到对于"组织、居民共同体、宗教团体、家庭户、国内居住人、正在国外居住的越侨拥有国内的土地,国家征地时应当按照法律规定进行补偿,如果征收后没有专用土地就该按照安置政策来决定"。如此,被拆迁人在拆迁之后没有地方居住才实施"安置"。

2004 年,越南政府出台《197/2004/NĐ‐CP 法令》(简称为 197 号法令)。197 号法令中的拆迁补偿和安置拆迁已进一步细化,"安置"和"补偿"的内涵在形式上是多样化的。例如,政府在征地与拆迁的时候,如果被拆迁人该迁移到新的地方,可以有如下几种形式来补偿:

(1) 政府建造新的住房以补偿被拆迁人(土地换住房方式)。

(2) 政府交给被拆迁人一块相应的土地,被拆迁人自己建筑新房(土地换土地方式)。

(3) 政府按照旧房的价值来赔偿(现金赔偿),被拆迁人自己购买房屋或自己购买土地来建筑新房(土地换现金方式)。

由此可以看出,在越南拆迁的相关法律中,安置问题早就被提到了,且越来越完善,"安置"的项目已经成为土地征收与房屋拆迁补偿的一个重要关键环节。然而,实际上在拆迁过程中仍然存在着不少关于安置的问题,对此我们将在下文予以具体分析。

2. 国际组织的安置定义

从另外的角度来看,国际组织把安置看作社会保障与社会福利,因此,安置项目以及其理论基础被国际组织集合成活动的"锦囊"。

(1) ADB 对移民安置的界定。

按照 ADB 的观念,安置的术语包括以下几个要素:① 因拆迁导致被拆迁人的住所环境被替换和迁移。② 寻找新的职业符合于被拆迁人的原来职业或原来职业由于拆迁而受到影响。③ 物质的资源如土地、工作处所、树木及其他基础设施等应被赔偿或复制。④ 被拆迁人受到其他影响,如生活质量、生活水平下降等应该恢复或补偿。⑤ 个人与群体因拆迁而使经营活动受到影响必须恢复或给予补偿。⑥ 社区的文化、文物、价值等因拆迁而受到影响必须恢复或补偿。

据ADB的看法,在拆迁过程中安置概念的内涵也包括各种补偿活动以及恢复活动。安置被分为两种形式:自愿安置(自愿移民)和非自愿安置(强迫移民)。前者就是被拆迁人主动选择搬移到某地方,由移民自己去购置土地,寻找安置途径,可以理解为被拆迁人自愿(或自发)移民。而后者就是迫不得已的移民,被拆迁人并没有别的选择,他们需要帮助,需要政府或有关部门给他们找一个新的地方来居住,由政府、国家出钱购买土地的同时进行房屋建设和配套设施建设,等新区的一切设施完工后,提供给移民使用。

(2) WB的移民安置政策。

据WB的认定,从世界总体特征上看,安置工作在过去10年中就存在"混乱的""不分青红皂白的"现象,安置工作尤其是安置区的基础设施建设很少得到政府的瞩目和关心。早在1980年2月,WB就已经颁布了"移民安置工作实施的一般原则"。

WB从1980年以后就建立了有关拆迁补偿安置(特别是移民领域)的政策。该组织所关注的是,在保证被拆迁人合法利益的同时,使被拆迁人受益。在拆迁补偿安置过程中,被拆迁人的收入及生活水平不低于搬迁之前的标准。WB提出一系列原则,如:任何拆迁项目都必须充分考虑被拆迁人的利益,减少对其带来不便或者相关问题;在拆迁之前,应该对被拆迁人进行适当的补偿,秉持先补偿后搬移的原则;长期居住在需要拆迁的地方(不管合法还是违法)的被拆迁人都应该同等地对待;在拆迁补偿安置过程中,应鼓励被拆迁人参与拆迁活动、补偿方式、安置方式等实施的过程。

二、拆迁政策

拆迁政策(demolition policy)是指政府在一定的时期,按照法律法规的规定,为了实现一定的经济、文化、政治等目标而制定出来的拆迁工作的相关准则。不同的国家(甚至不同的城市)都有不同的拆迁政策。就越南来说,除了越南中央政府的拆迁政策,胡志明市按照本市的特殊情况也制定出相关的政策。

三、拆迁人

拆迁人是指依法取得拆迁资格证书(在越南一般情况下是由政府或地方政府来承担认证),自行或接受拆迁人委托对被拆迁人进行拆迁动员,组织签订和实施补偿、安置协议,组织拆除房屋及其附属物的单位。在越南,除了政府和有关部门之外,拆迁人可能包括企业、社团法人、国家机关。根据越南2003年《土地法》规定,拆迁人的基本任务就是对被拆迁人给予补偿和安置。

四、被拆迁人

被拆迁人是指被拆除房屋及其附属物的所有人或使用人(包括国家授权的国有房屋及其附属物的管理人、代管人)。被拆迁人可以是对房屋享有所有权的人,即所有人;也可以是对房屋享有合法使用权的人,即使用人;还可以是对房屋享有共有权的人,即共有权人。

第二章
作为考察样本的胡志明市

第一节　胡志明市的人口与经济社会情况[①]

一、位置、行政单位与人口

胡志明市是越南的3个中央直辖市之一,是越南的文化、经济、科技、金融、旅游中心,也是越南最大的城市,被称为"越南的经济首都"。还有欧洲人把胡志明市称为"东方明珠""东方巴黎"等。

胡志明市位于越南南部[②](北纬10°22′13″—11°22′17″,东经106°01′25″—107°01′10″),地处西贡河右岸,面积2 661.29平方千米,包括19个区和5个县,是越南人口最多的城市(约6 600 785人)。其面积和人口具体情况如表2-1所示。

胡志明市的人口分布不太均衡:3区、4区、11区人口分布密度达到4万人/平方千米。而芹耶县人口分布密度仅仅为97人/平方千米。近些

[①] 该部分主要参考:范德.家庭教育比较研究——以上海市与胡志明市为例[D].上海:上海大学,2010.
[②] 请参见本书附录四图1。

第二章 作为考察样本的胡志明市

表 2-1 胡志明市面积和人口的具体情况

胡志明市	面积(平方千米)	人口(人)
全 市	2 661.29	6 600 785
内城地区		
1 区(*)①	7.73	203 214
2 区	49.74	133 257
3 区	4.92	201 515
4 区	4.18	190 325
5 区(*)	4.27	195 841
6 区	7.19	252 816
7 区	35.69	198 958
8 区	19.18	380 330
9 区	114	221 314
10 区	572	241 052
11 区	5.14	229 616
12 区	52.78	329 751
鹅贡区(*)	19.74	514 518
新平区(*)	22.38	399 943
新富区	16.06	386 573
平石区	20.76	468 208
富润区	4.88	180 511
平新区	51.89	469 201
首德区	47.76	368 032
郊区地区		
古支县	434.5	271 506
荣门县(*)	109.18	271 506
平正县(*)	252.69	347 278
雅县	100.41	76 985
芹耶县	704.22	68 535

① 具有该标记(*)的区县是被本研究取样的区域。

年来,胡志明市中心地区的人口呈现逐渐下降的趋势,新成立的各区人口则逐渐增长(主要是外来人口)。

二、民族与宗教状况

胡志明市市民主要是京族(越族),共有 6 173 054 人(占全市人口 93.52%),华族(华人)共有 381 525 人(5.78%),除此之外,亦有 Khmer 族(高棉族)24 268 人、Cham 族(湛族)7 819 人等各种少数民族。此外还有 1 128 人是外国裔越南人(印度、巴基斯坦、印尼、法国、美国等)。华侨群体主要集中在 5 区、10 区和 11 区。

全市有宗教信仰的居民共 1 983 048 人(占全市人口 30.04%),其中,佛教徒最多,共 1 164 930 人(17.52%);天主教徒共有 745 283 人(11.29%);高台教徒 31 633 人(0.48%);信良教徒 27 016 人(0.41%);伊斯兰教徒 6.580 人(0.10%)等。

三、城市规划与结构

根据法国人在 1860 年的设计,胡志明市(当时称西贡)能容纳 50 万居民。然后在越南共和时代(1954—1975 年)西贡被规划成能容纳 300 万居民的城市。但是,到目前为止,胡志明市人口大概有 750 万(如果加上流动人口就达到 1 000 万),这导致了胡志明市的结构过载。法国人规划的西贡被现在的人口压力压得变形了:绿色空间越来越少、生态环境被污染、城市规划不规范、城市建筑不统一等,这些让胡志明市的城市面容越来越难看。

其中,城市规划工作存在不少问题:缓慢、不合格、不合理、不规范。截至 2008 年城市规划完成总量只达到城市总规划工作的 23%。所以近几年来,胡志明市的规划项目存量较多,现有 600 个城市规划项目正在实施,不少拆迁项目因各种各样的原因而放缓甚至停止。

四、经济状况

胡志明市是越南最大的工业基地,主要有纺织、化学、造船、机械制造、碾米、酿酒、制糖等工厂企业,工业产值占全国工业总产值的 30% 以上。根据 2009 年官方数据统计,当年胡志明市共有 12 个工业区,吸引了 1 092 个投资项目,其中 452 个项目是外商投资项目,总投资资金超过 190 亿美元。胡志明市也是越南最重要的经济中心,有约 30 万个商业机构,包括大企业、高新科技机构、建筑机构、农产品机构等。

目前,有 38 家外国银行在胡志明市设立分行或办事处,胡志明市的银行流动资金占全国的 65%。胡志明市也是越南第一个成立证券交易所的城市。现在胡志明市证券交易所有 103 家上市公司,包括越南企业及外国公司,虽然证券交易所的规模较小,但这是胡志明市经济发展的新热点。

胡志明市堪称越南革新开放的窗口,也是越南经济发展的"火车头"。胡志明市的生产总值占全国的 25%,服务业产值占全国的 35%—40%,出口占全国的 35%。胡志明市经济增长速度始终保持在两位数以上,远高于全国约 7.5%—8% 的水平。

为了实现经济发展指标,胡志明市正在采取诸多积极有效的措施,其中包括加快经济结构调整,优先发展高科技行业,全面促进经济增长;扩大出口,全面融入国际经济;继续推进行政改革,加强政府与企业的对话,帮助企业解决生产经营中存在的困难;遏止物价上涨过快势头,防止价格垄断以及加快重大工程项目施工进度。胡志明市现正面临都市化的问题,比如如何解决大量新增人口的生活就业问题,在解决市民生活问题后如何进一步提高其生活质量等。

总而言之,胡志明市正在发生日新月异的变化。在城市更新、城市改造、城市扩大过程中,胡志明市更需要通过拆迁的项目来满足更换面貌和发展的需要。

第二节　研究样本介绍

一、关于抽样步骤的描述

抽样步骤如图 2-1 所示。

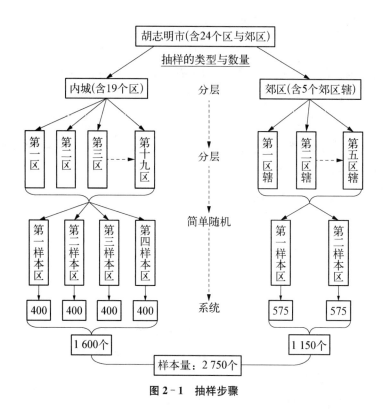

图 2-1 抽样步骤

二、研究样本

为了了解胡志明市目前拆迁补偿安置的相关政策及其实践,2011年3月—2012年3月,笔者在胡志明市范围内选取了较有代表性的1区、5区、新平区、鹅贡区、平正县和崇门县等6个基地,通过问卷调查和深入访谈相结合的方法进行实地调查。在该次调查中,累计向被拆迁人发放了大约3000份问卷,共收回2850份问卷,其中有效问卷2750份。在综合考虑了时间、经济等多方面因素后,对拆迁部门主要是通过深入访谈的方式进行调查。深入访谈包括:被拆迁人12个个案、拆迁人员12个个案、政府官员7个个案。

在每个区(胡志明市内环)我们控制问卷数量为400份,每个县(外环)问卷数量控制为575份。下面是样本基本情况:

(1) 性别。男性：1 622 名(59.0%)；女性：1 128 名(41.0%)。本来我们想在发放问卷时控制男女比例(51∶49)，可是收回问卷时，我们发现不少问卷是不合格的。

(2) 年龄。被调查对象年龄分为3组，第一组为18—40岁，共有503名(18.3%)；第二组为41—55岁，共有1 495名(54.4%)；第三组为56岁以上，共有752名(27.3%)。

(3) 文化水平。小学学历共有239名(8.7%)；中学学历共有2 009名(73.1%)；大学以上学历共有502名(18.3%)。

(4) 职业情况。被调查对象的职业分布为：行政机关共有918名(33.4%)；事业单位共有840名(30.5%)；企业共有386名(14.0%)；自由职业共有414名(15.1%)；下岗、失业共有99名(3.6%)；其他职业共有93名(3.4%)。

(5) 宗教状况。在问卷里面宗教状况项目分为"没有宗教信仰""佛教""天主教""信良教""高台教""和好教""其他"。但是除了佛教和天主教数量比较多，其他的似乎很少。所以笔者把它分成"有宗教信仰"与"无宗教信仰"的两种。具体为"无宗教信仰"共有1 517名(55.2%)，"有宗教信仰"共有1 233名(44.8%)。

(6) 户口状况。在胡志明市，户口分为：常住户口(KT1：拥有本市本区户口；KT2：拥有本市而非本区户口)；无限制时间的暂住(KT3：已经在胡志明市生活了两年时间但还没有胡志明市户口)；有限制时间的暂住(KT4：已经在胡志明市工作和生活但没有KT3证书)；没有本市户口与暂住证(KT5)。在调查对象中，KT1和KT2的户口占较高比例，其他的比较少。所以笔者把户口分为"拥有胡志明市常住户口"(KT1+2)与"没有胡志明市户口"(KT3+4+5)两种。"拥有胡志明市常住户口"共有2 616名(95.1%)，"没有胡志明市户口"共有134名(4.9%)。

(7) 深入访谈。为了更充分了解拆迁补偿安置问题以及问卷调查不足的地方，除了2 750份问卷调查以外，我们还深入访谈了31名居民。其中12名属于被拆迁人，分成两组：第一组(共有6名，男)，第二组(共有6名，女);12 名拆迁人员也分成两组:第一组(共有 6 名,男),第二组(共有 6 名,女);7 名地方政府官员,包括 5 名男性(第一组),2 名女性(第二组)。

第三节　胡志明市拆迁补偿安置的实况

一、拆迁补偿安置的必要性

随着越南经济社会快速发展,城市化速度最快的胡志明市也在发生急剧变化。如果说在发展过程当中,拆迁安置是必需的,那么在城市更新和改造过程中,拆迁安置也是必然的事情。近些年来,为了把城市"面孔"弄得更"漂亮",将市民生活水平提升得越来越高,胡志明市在城市改造和更新过程中不可避免地启动拆迁工程,因此,同样不可避免地需要妥善处理众多的移民安置项目。

在胡志明市的战略发展中("胡志明市 2025 年的战略规划"),除了扩大和建立 6 个郡区的规划外,还有建筑 4 条高架路线、6 条地铁、19 座桥梁等重大项目。这意味着拆迁项目越来越多,而且拆迁总量比目前还要增加十几倍,排名将是全国第一。问题的关键是,经过一段比较长的时期,胡志明市的发展和城市扩建已渐渐失去监管与控制。不夸张地说,目前胡志明市的面貌是一部分来自"自发的发展"的结果。从另一角度来说,因未能及时监管和控制"移民热",其结果是由自由移民潮流来"填满"城市空间①。由于很多年不能有效控制与及时监管,现在的胡志明市存在不少的贫民窟、肮脏窟、肮脏胡同,形成"三无"(无规划、无安宁、无监管)区域和"三个没有"(没有用电、没有用水、没有市场)区域。从实际情况来说,目前胡志明市的城市更新、改造、扩建需要巨大的空间。胡志明市的发展战略中已经强化城市更新改造、老区改造与翻新、建设新区等项目,同时增加绿色植物密度,减少污

---

① 这其中主要是农民工。根据官方提供的数据,目前没有胡志明市户口的居民占全市人口的 30.1%,并且向胡志明市移民的潮流日益激烈。

染地区,改造生态环境,建设文明城市等。这一系列项目表明,现在和未来的胡志明市,城市改造和城市更新是很重要的工作。

发展与扩大城市空间以及城市空间的再构建工作是城市发展战略不可忽略和不可或缺的需求,其中,拆迁移民安置是重要手段之一,并且是不可避免的。当然,拆迁移民安置需要时间、人力、物力、财力以及各方相关的"牺牲与决心"。不管怎么说,这往往带来很多麻烦的事情,包括转换住宅地方、影响到日常生活各个方面等。

二、拆迁补偿安置项目的实况

根据胡志明市建设局提供的 2005—2012 年间的数据,该市已经或正在实施共 1 093 个基础设施建设项目。根据胡志明市建设局关于该市的拆迁补偿安置工作数据,截至目前,已经完成 902 个基础设施建设项目,其中包括 23 531 名被拆迁人已转移到安置点,1 427 户(2 564 人)正住在过渡安置房。此外,还有 191 个项目正在进行,其中还有 38 246 名被拆迁人需要搬移。以下是拆迁安置的相关情况。

(一) 若干重大项目和外资项目

这些项目包括饶禄—氏义运河(Kênh Nhiêu Lộc-Thị Nghè)改造项目,豆腐渠道(Kênh Tàu Hủ)、义安渠道(Bến Nghé)、双道渠道(Kênh Đôi)、磡渠道(Kênh Tẻ)的改善水环境项目,新化—陶瓷炉(Tân Hóa-Lò Gốm)地域城市改造项目(也称 415 项目),胡志明市东西大路(Đại lộ Đông Tây)建设项目,胡志明市守添新城区(Khu Đô thị mới Thủ Thiêm)项目,胡志明市全市升级改造项目。这些都是胡志明市被拆迁人口规模较大的项目。根据胡志明市东西大路建设项目管理委员会的数据(胡志明市建设局的城市建设负责人提供),饶禄—氏义运河改造项目需要 11 432 户居民动迁,胡志明市东西大路建设项目需要搬移 6 800 户居民,豆腐渠道、义安渠道、双道渠道、磡渠道的改善水环境项目需要安置 2 400 户居民。在一般情况下,使用国家和市政府资金主要用于改善城市公共工程(例如胡志明市的福寿赛道改造),扩大城内的道路与改造主要交通路线(例如祁桐路、南期起义路、阮友境路、河内公路等),扩大十字路口、旧公寓改造、城市内贫民窟改造、棚户区改造、城内运河沿岸贫民窟清除等。

(二) 拆迁补偿安置项目中存在的问题

上文所提到的胡志明市近些年来的若干拆迁补偿安置项目,有的已经完成了,有的还在进行。通过实际调研若干项目,大体来说,各个项目在不同的时间实施,依据不同的法律相关规定,面对不同的拆迁对象、不同的项目规模、不同的资金来源,但拆迁补偿安置计划的结果已经显现出一些相似之处。其中有已经做好的工作,也有还没到位、落实的地方。胡志明市近些年来的拆迁补偿安置项目中存在的问题可以概括如下:

(1) 安置点专用土地严重缺乏。胡志明市政府拆迁补偿安置问题相关政策的原则是对于拆迁项目尽力按照"原地安置"来实现。如果不可能的话先"就近安置",然后才考虑"异地安置"(新安置区与原拆迁区域相距较远,大于1千米)。但如果全部拆迁项目都采用"就近安置"方式来安置,那么专用土地供应是不足的。其实目前胡志明市已准备了安置区专用土地,但实际上仍不能满足建房的需要。所以,拆迁项目的安置点主要是建设新公寓①。不然的话只能选择"异地安置"方案,但问题是,新安置区的基础设施建设配套不足,被拆迁人不愿意选择居住。此外,目前很多拆迁项目还没准备好安置点专用土地与移民安置规划方案(尽管法律上已经规定:拆迁补偿安置工作进行之前必须准备好安置点和移民安置规划方案)。这是胡志明市拆迁补偿安置项目遇到的难题之一。

(2) 不少拆迁安置项目确实不尊重"先安置后拆迁"的原则(此原则在越南197号、84号、69号、181号等法令中已经有明确规定)。虽然法律上明确规定,在进行拆迁之前,地方政府和有关部门必须给予被拆迁人或房子

---

① 从传统观念和生活习惯来说,大部分越南国民不喜欢住在公寓(高楼)而喜欢住平房。所以对于拆迁安置项目来说,胡志明市被拆迁人喜欢选择"土地换土地"或"土地换现金",然后由被拆迁人自己来建筑房子,如果搬到公寓的话那就是不得已的选择。

或安置专用土地以使被拆迁人自己来建筑房子①,但实际上,不少拆迁移民安置项目却不遵守该规定。在胡志明市不少拆迁项目已经"完成"了,但被拆迁人仍然"无家可归"的情形(有的住在过渡安置房,有的自己租房住等)时有发生。胡志明市的一位官员透露,拆迁项目的有关部门不是不知道这个规定,但问题是每个拆迁项目都有实施时间限制,为了很快拿到"干净土地"②,执行拆迁项目的部门就"睁一只眼闭一只眼"来进行拆迁,所以一部分被拆迁人还没收到补偿金额,也未获得补偿安置的相关利益。

(3) 被拆迁人不喜欢政府给予的公寓,而喜欢"拿补偿金自己建住房"的方案(对于补偿方案本书将在下文再讨论与分析)。按照目前越南政府和胡志明市政府的相关政策,被拆迁人具有3种安置方式的选择:第一种,地方政府建设安置区的公寓,然后给予被拆迁人。第二种,地方政府按照被拆迁人原来的盖房地面(面积)而"土地换土地",给予被拆迁人相似面积的土地,然后被拆迁人自己来建房子。第三种,按照补偿范围和补偿价格评估,地方政府用"现金换土地",给予被拆迁人相应现金,然后被拆迁人在自己购买土地的同时建房子③。

对于选择第一种安置方式的被拆迁人来说,虽然搬到安置区的公寓之后大多数人觉得享受到了良好的生活环境,房间宽敞、漂亮、干净,但是大多数居民仍然抱怨他们不得不支付高昂的"公寓生活费"。每个月他们必须支付的公寓服务费用包括:垃圾处理费、停车存车费、电费、水费等。事实上,对于低收入或收入不稳定的家庭来说,这些"公寓生活费"成为他们的重担之一。此外,对于贫民家庭而言,转到安置区的公寓还使其背负沉重债务,对于从事个体工商业和做小生意的居民而言,转移到公寓也等于被掠夺了原来的工作。通过实际观察,笔者发现,由于以上所提到的困难,一些家庭

---

① 越南84号法令第58条第2款、胡志明市政府第17号决议第49条第2款的相关规定:"对于拆迁项目需要移民安置,县级(区级)拆迁补偿委员会以及有关部门,在进行拆迁之前有责任给被拆迁居民提供房屋(公寓)或安置点专用土地"。
② "干净土地"是指被规划的拆迁项目范围内的土地上附属物已经拆迁完毕,可以按规划方案来进行新建设。
③ 越南法律规定,土地属于国家财产,是国有的,但拥有土地使用权的人可以按照法律规定来进行自由转让。

把房屋卖出去之后,自己找一个便宜的地区买一所房子。在河桥—鹅贡(Hà Kiều - Gò Vấp)、黄文政—新富(Huỳnh Văn Chính - Tân Phú)的公寓(这两个公寓专用于饶禄—氏义的拆迁安置项目),这里约有60%—70%的安置居民把政府给予的房子卖出去,然后寻找自己喜欢、觉得合适的房子。这其中最重要的原因,据被拆迁安置居民表示,是大多数安置公寓质量确实不好。他们说,刚搬到公寓不久,房子的下水道、道路、电梯等就坏了,房屋也存在漏水、墙体脱落等问题(如图2-2所示),所以刚搬到安置区没多久就想方设法把房子卖出去。公寓房屋质量确实是拆迁安置的重大问题,这点也是拆迁补偿安置相关法律政策规定中应该考虑的。

无自来水公寓

公寓房子墙壁粉刷不到3个月就开始掉皮了

公寓走廊的砖头"鼓"起来了

刚住两个月的房屋就漏水了

图2-2 胡志明市的安置点专用公寓质量问题

选择第二种安置方式的被拆迁人也遇到不少的困难,比如拆迁安置专用土地地点离原来的较远,所以上班路途比较长,加上交通不方便更让居民发愁和担忧。为了避免自发建筑导致"新棚户区"再现,胡志明市有的拆迁安置项目规定,如果被拆迁人选择自己建房的方案,就不允许建平房而必须建楼房(2层楼以上,并且按照城市总体规划来进行)。这一规定对不少被拆迁人来说是棘手的问题:钱不够,没有住那么大房子的需求,即经济能力和自己实际需求都让其为难。这就导致很大一部分被拆迁人宁愿搬移到离城市中心比较远或者还没规划的地方来建房,而不愿在拆迁安置点建房,于是形成了"违法建筑"(不按照城市规划规定来建筑)的"新区",经过一段时间,"新区"被"再拆迁安置",又形成拆迁安置项目的恶性循环("拆二代"现象)。类似情况在胡志明市并不罕见,胡志明市 7 区富美小区就是一个典型例子。

选择第三种安置方式的被拆迁人比例较高。据了解,目前在胡志明市,拆迁安置项目中被拆迁人选择"拿钱走"方案的占全市的 70%。大多数选择这种安置方式的被拆迁人家庭人口较多(按照"按人头来补偿"方案,其家庭获得的补偿金更多)。拿到补偿金之后,他们转到其他地区找合适的土地来自己盖房。在胡志明市拆迁安置项目中,大部分地方政府官员以及有关部门不知道选择"拿钱走"的群体走到哪里。据笔者所知,大多数人选择转到郊区如平正县、槊门县等买地盖房。问题是,他们买的土地不一定是政府允许买卖的土地,有的是农民的耕地,有的不是城市专用居住规划土地,过一段时间,他们新建的房子就有可能被拆迁,但这是他们不得已作出的选择。这可能形成"新棚户区"与拆迁的恶性循环:被拆迁→搬移→自发的安置点→被拆迁。因此,越南出现"拆二代"这个新词并非偶然。

有些拆迁安置项目的安置居民,则是在过渡安置房中等待拆迁安置项目专用公寓完成后就搬去入住(如图 2-3 所示)。截至 2012 年 6 月,过渡房的居民占全市拆迁安置项目居民的 30%。据了解,过渡房居民往往觉得不安、不稳定、不满,他们表示,虽然是过渡房,但"过渡时期"真的太长了,"我家从被拆迁到现在已经快 10 年时间了,但目前还不知道什么时候才可以回迁,安置区住房的'面貌'并不知道,只能再等待吧"[①]。并且,过渡房的住房条件确实很简陋,不能满足基本生活条件。过渡房居民们不知道什么时候才能安居下来,心里自然无法安定下来。

据胡志明市建设局数据,截至 2008 年全市还有 4 715 户正在过渡房等

---

① 本书深入访谈资料(DBGT08)。

图 2-3　胡志明市的过渡安置区和过渡安置房

待安置和回迁。从 2008 年至 2012 年 4 月,在 24 个新的拆迁补偿安置项目中,1 427 户选择在过渡房度过。根据胡志明市建设局副局长阮登明提供的资料,目前选择过渡房的有 3 种类型:第一种是因旧公寓改造而紧急转到过渡房暂住(占全市拆迁安置项目的 30%);第二种是城市正在进行实施拆迁安置项目但还没找到合适的安置点(占全市的 61%);第三种是正在向拆迁有关部门投诉、抗拆、上访,不肯签拆迁协议等的被拆迁人(占全市的 9%)①。胡志明市的人民委员会文化社会所所长黄功雄对此强调,如果不能明确解决"过渡暂住"现象,那对本市与市民造成的损失是非常大的,不仅仅是经济损害还有社会治安方面的损害。他质问:"过渡安置房是客观的还是人为的呢?"根据黄功雄计算,过渡安置房的建设资金确实不少,很可能是数百亿越南盾②。并且对于被拆迁人来说,住在过渡房会影响他们与其孩子的生计、生活、学习等方面,这些方面的损害就无法计算了。

(4) 拆迁补偿安置过程中必须有被拆迁人参与的原则有时会被忽视。上面已经提到,越南拆迁补偿安置的相关法规规定,在拆迁补偿安置工作中,应有被拆迁人来参与,胡志明市政府也有相似的规定(胡志明市的 35 号决议第 41 条第 2 款第 d 点)③。据观察,胡志明市近年来都遵守该规定,但

---

① 本书深入访谈资料(LDTP03)。
② 本书深入访谈资料(LDTP02)。
③ 关于胡志明市对于拆迁补偿安置的相关法律、法规和规定在本书第三章第二节中将具体分析。

在不同的拆迁补偿安置项目中,"被拆迁者的参与"程度是不同的,甚至有的流于形式。尽管大多数拆迁政策都提到公开、公平、公正的原则(例如公开补偿方案及其各种安置途径选择、拆迁前公开听证等规定),但政策落实过程中效果并不尽如人意,被拆迁人缺少提出自己观点和意见的平台,所以他们在拆迁安置过程中只能按政府规定来执行。在走访中,我们听到这样的叹息:"这些政府(指地方政府——笔者注)能做什么?我们反映问题有用吗?他们根本就不会理我们的,遇到事情就互相推脱,我们的房子拆了这么久了都没有得到安置,这根本就是'行政不作为',他们(指地方政府——笔者注)才不管咧!"[1]

(5) 拆迁安置后房屋质量、环境卫生、社会关系、工作、收入等方面成为新问题。在城市改造、更新过程中,拆迁安置项目的大多数被拆迁人生活水平较低,主要做小生意或自由职业,因此,拆迁会影响到他们的日常生活。实际观察可知,大多数被拆迁人都会回到原来的地方工作、学习等。事实显示,在新安置点,被拆迁人往往不融入(或者还没融入)新的环境,也不会就近上学、就近看病等,因为行政手续(户口制度下的种种流程)还没办好。这说明安置点的基建配套不足,新安置点的地方政府对刚转移居民的关心不到位。

(6) 拆迁安置之后形成拆迁安置恶性循环,被拆迁人贫穷化,出现新的棚户区等现象的可能性偏高。上文已经提到,对于"拿钱走"的居民群体来说,如果在城市内环买地买房的话恐怕钱不够,所以大多数人的选择是搬到城市郊区。但问题是,在城市外环买地盖房也不一定是合法的,因为那是属于农地或者还没规划的土地。而对他们来说没有第二选择。在访谈中,有的被拆迁人坦言:"我现在有什么?我现在一无所有,我跟你讲我本来日子很好过的,房子虽然很小但也拥有一个家,现在呢?一拆就变成了这样子,本来我有房有工作,现在我的生活质量彻底降低了,我上有老下有小,你们叫我怎么办,我以后生活怎么过啊?不是一两天的事情,以后日子还长着

---

[1] 本书深入访谈资料(DBGT12)。

呢!"①笔者认为,之所以发生这种情况不是被拆迁人的错,从某方面来说是地方政府(拆迁补偿安置有关部门)的错误和责任。具体地说,拆迁补偿安置工作不仅存在法规上的漏洞,在实施过程中也存在有法不依的情况。目前胡志明市拆迁补偿安置工作只停留在补偿工作或是安置工作上,而补偿后(对于选择"拿钱走"的居民而言)或安置后(对于选择"土地换土地""房换房"的居民而言)就没有任何有关部门来管了,收到补偿后或安置后的居民如果碰到什么问题,就不知道向谁追问了。笔者实际观察后发现,各个拆迁补偿安置项目都有各自的管理部门(包括拆迁补偿安置项目委员会),然而大多数项目的管理部门的责任只停留在补偿、安置而已,做到这程度管理部门就"完成任务了"。也就是说,补偿之后、安置之后发生什么问题并不在他们的工作范围之内。因此,对于目前的拆迁补偿安置工作,越南人将其比喻为"把小孩扔在市场中"。

如上所述,胡志明市现阶段的拆迁补偿安置工作存在若干问题。但公平言之,其中也有一些令人瞩目的成果。从城市规划的宏观角度来看,胡志明市近年来的城市改造、更新过程已经给该市带来一个新面孔:不少棚户区房子被改造和"升级"为漂亮的公寓楼;城市内的贫民窟逐渐变成宽敞、漂亮的居民小区;已经改善了大部分城市居民(尤其是被拆迁安置地区的居民)的生活条件;不少安置区的生活条件、生态环境比原来更好(当然其成果是否具有可持续性还依赖于多方面因素的影响)。

---

① 本书深入访谈资料(DBGT09)。

第三章
胡志明市的拆迁补偿安置政策

第一节 越南城市拆迁补偿安置政策

一、相关政策

在越南,土地征用以及城市更新、改造若涉及动拆迁,都应该遵循越南《土地法》的规定(1993年与2003年)以及中央政府的相关法令。实行拆迁过程中,谁拥有符合法律规定的土地所有权,征收拆迁时,就应依法执行并给予谁适当补偿和援助。

越南1993年《土地法》第27条明确规定:"国家为了国防、安宁、经济利益、公共利益的目的,拥有对土地征收、收回的权利并给予被征收者适当补偿"。但如何"适当补偿",在该法律条文中没有明确指出。为具体化该法律,越南政府出台了一系列相关法令与规定。其中包括:越南22/1998/NĐ-CP的法令[1]《关于国家收回土地使用目的为国防、安宁、公共利益等时补偿的规定》,

---

[1] 该法令出台时间是1998年4月24日。

简称22号法令);越南181/2004/NĐ-CP的法令①(《关于土地法的实施的规定》,简称181号法令);越南197/2004/NĐ-CP的法令②(《关于国家收回、征用土地时的补偿、补贴的规定》,简称197号法令);越南84/2007/NĐ-CP的法令③(《关于国家收回土地、土地征用、土地使用证书,补偿的工作程序、流程,安置的相关工作流程,解决土地争权、投诉流程的规定》,简称84号法令);越南69/2009/NĐ-CP的法令④(《关于土地规划、价格,土地征收、征用,安置补偿价格与流程的补充规定》,简称69号法令)。

22号法令第1章第4条对于国家对土地征用时,特别是在城市规划、更新、改造而该动迁的相关项目,明确指出了获得补偿(或不补偿)的房屋、土地与财产的对象、范围、原则、条件等⑤。该法令还区分了农业土地与城市土地的补偿价格和范围。对于补偿的范围,该法令指出:国家征用土地时应该根据土地使用的面积进行补偿,包括现有的基础设施工程(比如房屋);对被拆迁人进行补偿(包括生活补偿、生产业务补偿),如果因拆迁而使当事人的工作被变动(转换工作、失业等)也应该进行适当的补偿;在搬迁的过程中,如果产生相关的费用,根据实际情况进行补贴。特别值得一提的是,该法令还对被拆迁人的生活损害(生活动荡、生产不稳等)给出金融支持政策与补偿的原则。

197号法令对城市房屋拆迁补偿的对象、范围、原则、条件有着详细的规定。可以说,该法令完善了22号法令不足的地方,在第9条第2款还提出补偿被延迟案例(包括由于拆迁方或被拆迁方所造成的)及其相应处理方案。具体来看,197号法令比22号法令还有更多的细节。例如,197号法令第27条规定:① 被动迁户搬迁到城市范围内安置点的就补偿300万越南盾⑥,如果搬迁到城市的外环就是500万越南盾,但具体的补贴标准和价格

---

① 该法令出台时间是2004年10月29日,主要把《土地法》相关条例具体化,其中包括拆迁补偿安置领域。
② 该法令出台时间是2004年12月3日,主要具体化拆迁补偿安置项目,特别是补偿问题。
③ 该法令出台时间是2007年5月25日,主要强调拆迁补偿安置的工作流程。
④ 该法令出台时间是2009年8月13日。
⑤ 181号法令也有相关规定。
⑥ 目前1人民币约等于3 459越南盾。

由地方政府确定。② 被拆迁机关和组织因搬迁而损害的搬迁费、拆卸费、再安装费等应该根据具体情况而适当补贴。③ 被拆迁者因被拆迁而没有住的地方，在等待搬移到新安置区时，应被安排到临时房屋或者获得房屋租金援助。暂住的时间、地点、房屋租金额由地方政府根据实际情况来确定。该法令在第 28 条也有对于生活稳定与生意稳定方面的规定，第 29 条则对因拆迁而转换工作或工作更换等补贴价格进行规定。该法令第 5 章还对动拆迁项目的建立安置点、安置工作，安置区的必需条件（基础建设设施），对被拆迁人的生活、就业、生意方面受影响而进行的补贴进行规定。此外，该法令也有对各级政府拆迁的有关部门、实施拆迁部门、解决相关拆迁诉讼部门等责任与义务的规定。

84 号法令第 4 章有对国家征收土地时以及城市房屋拆迁时的补偿、补贴方案的相关规定。该法令在第 44、45 条提出：对正在使用土地（或房屋），但从 1993 年 10 月 15 日到目前（拆迁时候）而没有土地使用权（或者房屋所有权）的个人或组织，也根据具体情况来进行补偿①。该法令的最大特点是对拆迁补偿安置的流程进行了详细规定。比如规定补偿方案应该是公开、透明的，动迁项目应该有详细的计划和方案，补偿方案应该通过有关部门的审查、批准和认可。该法令的第 56 条第 2 款第 1 点指出："在执行拆迁方案前应该把拆迁补偿安置方案公开在地方政府小公室和居民居住点以便被拆迁人以及有关人员参与提出意见和建议"。第 56 条第 2 款第 2 点还强调："拆迁补偿安置方案应该通过地方人民委员会和地方阵线委员会以及被拆迁人的代理人"。可以说该规定是 84 号法令的亮点。实际上，该规定避免了拆迁人的盲目行动导致被拆迁人的利益损害。

对于城市房屋拆迁补偿安置来说，69 号法令也算是一个亮点。该法令第 14 条第 2 款第 3 点强调：在城市房屋拆迁过程中，被拆迁人可以选择两种补偿，要么选择"房换房"（例如当事人拆迁前拥有 100 平方米的房子，就

---

① 因在 1993 年 10 月 15 日之前，越南没有任何关于土地管理、土地征收、拆迁补偿安置的相关政策规定，所以越南《土地法》出台（1993 年 10 月 15 日）之前，拥有土地和房屋而还没有证书就算是合法的。

换成安置点的100平方米的新房),要么选择"房换钱"(根据当时的价格来确定房屋价格)。如果前后有差额的话,可以按照下列规定:① 如果被拆迁人房屋当时价格比安置点面积相同的房屋更贵,那么还将得到差价补偿。例如A户是被拆迁户,当时A户所拥有的100平方米房屋的价格是100 000元①,如果A户搬迁到安置点,除了获得100平方米的房子(相当于80 000元),A户还将获得100 000-80 000=20 000元(价格差额)。② 反过来,如果被拆迁人房屋当时价格比安置点面积相同的房屋要便宜,那么其应该根据价格差额补上。公平而言,69号法令有利于被拆迁方。例如,如果被拆迁人的房屋(或使用地)被拆迁掉70%以上的面积就可以获得36个月的生活费补贴。

69号法令出台之前,"补偿"与"补贴"两个概念相对模糊,69号法令出台后就把两者的"模糊线"切掉了。69号法令在明确规定被拆迁人的补偿与补贴的同时,也提高了补偿与补贴金额。该法令还强调,地方政府应该根据被拆迁人的需要而建筑多样化、多种类的房屋(多元房屋)给被拆迁人选择,同时,根据被拆迁人的生活方式、生活习惯、生活需求等而供给其相应的房屋种类。如果地方政府财政能力不足支付就从国库来支付。

69号法令还对被拆迁人因拆迁而致转换工作也给予补贴。补贴包括工作转换费用与就业费用,即被拆迁人因拆迁原因而导致失业(半失业)、转换工作就可获得相应的补贴,补贴方案由地方政府根据具体情况来确定,补贴可以选择现金或者房子。

上面我们所提到的越南现有拆迁补偿安置的若干相关政策,包括越南的《土地法》以及中央政府的相关法令。随着城市化的高速发展,拆迁补偿安置政策也纷纷出台并日益完善,围绕着土地征用收回的条件、途径、审批权力、补偿标准以及拆迁各方利益主体的责任和角色进行了规定。概括起来有以下几个方面:

---

① 为了易于读者理解,笔者在这个例子中使用人民币(元)作为货币单位。

(1) 土地收回的条件。

越南2003年《土地法》第38条中规定,国家可以在如下的情况下收回土地:① 国家为了国防、国家利益、公共利益、经济利益等需要而收回土地或者征用土地;② 土地使用者故意破坏(或者让别人破坏);③ 违法占用土地或者土地使用权违法出让;④ 土地使用者死亡且并没继承者;⑤ 土地使用者故意不履行土地相关的义务;⑥ 土地使用者没有使用的需要并自愿交回。

(2) 土地收回的审批权限。

越南法律规定,政府(中央或省级)有权批准收回本辖区内各组织团体、宗教机构、国外华侨、外国团体及个人使用的土地;此外,特殊项目或者大型项目需要征收土地,必须经过中央政府批准。

(3) 土地收回的补偿安置途径。

越南法律规定,土地收回与征收有"补偿收回"和"无补偿收回"两种途径。补偿收回主要是通过货币补偿的方式。收回居住用地时,有关部门应该对被收回居住用地的居民进行补偿和安置工作。越南法律还规定,安置区的基建(配套)和条件不得低于原来的居住地。如果无法提供安置区的,可以采取货币补偿的方式。胡志明市35号决议还规定,拆迁补偿安置应该考虑被拆迁人的生计问题,如就业培训与安置工作等。

(4) 土地征用的补偿标准。

越南学者认为补偿标准最佳的原则就是"不低于市场价格",但实际上补偿价格由政府和有关部门来制定,往往低于市场价格。换言之,政府制定的补偿标准和市场价格差异比较大。因此,目前越南学者对2003年《土地法》修改草案提出,补偿标准按照当前的市场价格来制定的同时,还应该考虑到每个城市的社会发展水平、土地来源条件、土地价格变动和市场供需等因素。这样的话,被拆迁人方可获得最大的正当利益。

二、拆迁落实中存在的问题

如上所述,越南城市房屋拆迁补偿安置的现有相关法律法规颇多,但主要依靠越南《土地法》(1993年和2003年)以及政府对于土地征收、房屋拆迁的各种决议和法令。越南法律规定,收回土地的时候,若是所有者具有土地所有权证书,政府就按照法律规定来补偿、安置。但是,实际上被拆迁人、有土地被收回者因补偿、安置政策"不合理"而发生不满甚至上访(包括集体上访、使用暴力方式等)的现象并不鲜见,甚至不少项目因为拆迁及拆迁安置问题而延迟多年。这其中的原因有很多,关键是拆迁补偿的相关政策仍未完善:现阶段的拆迁政策落后于实际情况的需求,政策之间交叠、自相矛盾、互相冲突,特别是"既剩余又缺乏"[1];拆迁、补偿、安置工作的实施不到位、不彻底,有的地方拆迁人明知拆迁的目的、拆迁的对象等而作出虚假的行为。到目前为止,在越南(特别是在胡志明市)已经发生不少拆迁腐败案件、恶性事件和暴力拆迁、暴力抗拆等事件并愈演愈烈。这些都导致经济社会生活受到损害,引发负面社会舆论,威胁社会稳定。不少研究者认为,目前越南确实并不缺乏相关政策,但上面所说的诸多乱象之所以发生,是因为政策实施和落实不到位、不同步甚至缺乏监管(或监管不严)。这可以说是目前越南拆迁补偿安置政策存在的大问题,也是"拆迁综合征"之一。

随着拆迁补偿安置的相关政策陆续出台,那么按理来说,被拆迁人的利益也越来越被关注。胡志明市的一位官员表示,要"把人民的利益,把被拆迁居民的利益放在前面,也就是说被拆迁居民的利益是至上的"[2],但实际情况不容乐观。通过分析越南和胡志明市政府的相关政策,我们指出现有拆迁补偿安置政策存在以下几个方面的问题:

(一)拆迁相关法律存在"既剩余又缺乏"的现象

目前越南对于拆迁补偿安置的相关法律存在"既剩余又缺乏"的现象。越南不少专家认为,目前越南拆迁补偿安置政策太多了,多到什么程度呢?

---

[1] 又称"又剩又缺"。这是越南常用语,用来表示现有拆迁补偿安置政策太多了,每年甚至每个比较大的安置项目都有相关的法律法规出台,但其中也缺乏实践性、可操作性等的情况。也就是说越南的相关拆迁补偿安置政策,目前属于"剩余和缺乏同时并存"的状况。
[2] 本书深入访谈资料(LDGL01)。

★ 越南城市化进程中的政策实践

连一位执行拆迁的官员也说,"有时候不知道拿哪个法律作为'标准',同一个案例可以用69号法令、181号法令、197号法令,也可以用198号法令来确定。除了中央政府的规定,还有不少地方政策相关决定、议定、决议等纷纷出台。有时候,一个议定只专用于一个拆迁项目而已"①。该官员强调,现有拆迁补偿安置的相关法律,概括起来是"多、快、短、缺"②。可以说,拆迁政策"首尾不顾"、前后不一、缺乏一贯性的状况引发了诸多拆迁补偿安置乱象。

比如,法律上规定的房屋重置价的确定过程中就存在不少问题。在69号法令第30条第2款第1、2点虽然明确地规定,拆迁补偿安置的方案应该公开化以让有关部门与各方相关利益主体(包括被拆迁人)参与,同时给出意见和建议,但在评估房屋以及相关财产时由地方政府有关部门来确定而没有被拆迁人参与的相关规定。与此类似,181号法令也确定了应该根据市场价格来评估房屋拆迁的价格,并明确规定评估价格的主体是地方政府有关部门(在胡志明市是由市人民政府来评估)。应该承认的是,在拆迁补偿安置中,地方政府是相关利益主体之一,因此地方政府扮演"制定补偿标准"的角色很难确保客观、公平、公正的原则。问题的关键在于,被拆迁人对于补偿标准和补偿价格的不满如何表达诉求?采取哪种途径来维护自己的利益?对此现有的越南相关法律还没有明确规定。再比如,越南的相关法律缺乏评估的具体操作步骤和途径。客观地说,181号法令也提到相关规定,却是很笼统的。正如访谈时一位执行拆迁的干部所说:"现有的拆迁补偿安置政策'有剩余有缺乏',所谓'剩余'是指相关政策太多,多到什么程度?我们作为执行干部都记不住也不会选择。为什么说'缺乏'?因为其缺乏的是可行性、具体性、可操作性等让执行人员可以方便工作的内容。"③

---

① 本书深入访谈资料(LDTP04)。
② 所谓"多"是相关法律太多了;"快"是变化、更改、修改太快了;"短"就是法律的"寿命"很短,有的刚出台没几天就"没命了",后面出台一个就替换前面一个了;"缺"是法律规定缺乏一贯性,有的规定互相"打架",有的缺乏操作性等。
③ 本书深入访谈资料(LDQH06)。

(二) 拆迁补偿标准低

可以肯定的是,到目前为止胡志明市的拆迁补偿标准过低,实际上被拆迁人对补偿标准表示不同意的很多。有的被拆迁人认为,现在的房屋补偿标准只有同类型户屋价格的一半(甚至只是 1/3 市场价格),还有人说现有的补偿标准只是虚拟的价格,谈不上所谓"合理补偿""公平补偿""接近市场价格"等法律规定。为什么说"现有的补偿标准只是虚拟的价格"呢?难道法律上对补偿工作(补偿工作是拆迁补偿安置过程中的重要环节之一)没有明确规定吗?

目前越南确定补偿标准可以有以下几种算法:① 正常情况下,补偿价格标准=(拆迁前房屋市场价格×房屋建筑面积)+补偿费补贴;② 当拆迁前房屋价格小于拆迁后土地使用权价格时,补偿价格标准=(拆迁后土地使用权价格-其他拆迁成本)×房屋建筑面积;③ 当拆迁前房屋价格大于拆迁后土地使用权价格时,补偿价格标准=(拆迁后土地使用权价格+政策优惠部分+政府直接投入其他拆迁成本)×房屋建筑面积;④ 当补交土地出让金时,补偿价格标准=(拆迁后土地使用权价格-补交土地出让金-其他拆迁成本)×房屋建筑面积。

虽然有补偿标准的计算公式,但掌握公式的人与计算补偿价格的人出于各种各样的原因(包括自己的利益)而给出的补偿标准却是越低越好的。根据实际情况看,补偿标准和程度从低到高的排序应是:适当补偿→相当补偿→正当补偿→合理补偿→公平补偿→充分补偿。对照该排序程度,越南的补偿标准只能说是"适当补偿",在实际操作中,胡志明市有的补偿标准还没达到"适当补偿"的程度。其中的原因,一方面是补偿标准低,另一方面是房屋评估方法不一。69 号法令第 24 条"对土地上的房屋与建设工程的补偿规定",在第 2 款第 1 点规定:"房屋价格补偿水平等于房屋的总价值加上该房子现有价值,房子现有价值的评估是现有价值比例乘以类似的新房子价格,但总共价格不超过同样的新房子"。但问题是,补偿标准的算法由谁来确定,补偿标准的价值构成如何?该法令也规定了由地方有关部门确定和评估的补偿标准的价格构成,如图 3-1 所示。

因获得补偿的总价格往往比原来的房子价值低(依照市场价格来计

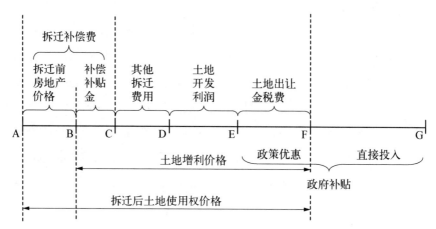

图 3-1 城市拆迁补偿标准的价格构成

算),不少家庭拿到房屋补偿金额之后却买不到跟原来一样的房子。根据胡志明市的实际情况来看,目前总体补偿标准低于市场价格,属于"适当补偿"的水平。可以说,在拆迁补偿价格较低方面,中国和越南具有相同点。笔者认为,这其中的原因有很多,但首先是越南与中国的土地所有权制度(土地管理制度)导致的。中国和越南法律法规上都明确规定,土地是国家所有,被拆迁人对土地只有使用权而不是所有权。

导致补偿价格较低的原因还在于,只对房屋本身的损失进行评估和补偿,因拆迁而来的其他损害(经济损害和非经济损害、物质损害和非物质损害)并没有相应补偿。换言之,补偿范围过于狭窄。这点越南目前相关法律没有明确规定,导致被拆迁人的一部分损害并没有得到适当补偿。在很多国家(包括一些亚洲国家)法律上明确规定了补偿范围以让被拆迁人获得更多的利益。例如,日本在《土地征用法》中规定,拆迁补偿范围包括:征用房屋损失赔偿、树木赔偿、搬迁赔偿、事业损失赔偿等[①]。

总之,补偿标准较低是越南拆迁中存在的实际问题。虽然越南的拆迁补偿安置政策越来越完善,从 1993 年的《土地法》到 2003 年的《土地法》(修

---

① 越南 181 号法令也有类似的规定,但实际上在拆迁进行之前,价格评估过程不到位,有时被忽略(其原因可能跟利益有关),不少拆迁项目的被拆迁人没有收到应该获得的补偿金额。

改)、从22号法令到69号法令也是一个渐渐完善的过程,但无论如何也还会有需要改进的地方,其中就包括补偿标准规定和操作方面的内容。

(三) 公共利益需要拆迁的界定模糊

越南181号法令第36条第1款对于"国家为了国防、国家安全、国家利益和社会公共利益的目的收回或征收土地"规定了以下情况:① 国防和国家安全的土地使用目的;② 建筑政府办公室、事业工程被国家允许的目的;③ 建设外交组织办公室;④ 非商业目的的公共工程建设;⑤ 城市发展、更新、改造和农村居民发展的目的;⑥ 防护森林、特用森林的目的;⑦ 宗教基础设施建设的目的;⑧ 公墓、墓地专用的目的。法律上虽已作如此规定,但实际上,所谓"公共利益"和"经济利益"(也称为"商业利益")两者之间界限比较模糊。因为"公共利益"而需要拆迁与因为"经济利益"而需要拆迁,有时候让被拆迁人无从分辨。

实际上,许多拆迁项目究竟属于"公共利益需要"还是"经济利益需要"并没有区分开来。例如,为了发展地方经济而进行的拆迁是不是属于公共利益需要?为了建立工业园区而进行的拆迁是不是属于公共利益需要?城市改造(旧房改造)是否属于公共利益需要?到目前为止,胡志明市绝大多数的拆迁是在公益利益需要拆迁的名义下进行的,一些有争议的拆迁项目也被纳入公共利益需要拆迁的名义下。所以明确公共利益需要拆迁和经济利益需要拆迁的差异是非常重要的。但在目前的越南法律中,对于上面所提的问题还没有明确规定。

越南1992年《宪法》第23条规定:"在必要的情况下,因国防、国家安全、国家利益、公共利益的需要,国家购买或征用个人或组织的财产而根据市场价格来补偿;征收的方式由法律来确定",但没有对"公共利益"一词进行界定。1993年《土地法》第27条规定:"在必须情况下,国家为了国防、安宁、国家利益、公共利益的目的,拥有对土地征收、收回的权利并给予被征收者适当补偿。"2003年《土地法》第38条也规定:"国家拥有权利收回土地用于国防、安宁、国家利益、公共利益、经济利益的目的";第39条规定"收回土地用于国防、安宁、国家利益、公共利益的目的"；第 40 条规定"收回土地用以经济的目的"，同时把"经济目的"解释为："政府建设高技术工业园区、经济特区、重要投资项目、经济发展的目的"。可以看到，1993 年和 2003 年《土地法》虽然提到了"公共利益"和"经济利益"，但没有就其内涵给出一个很明确的定义或者解释。

除此之外，在一些相关的普通法律（法令、议定、决定等）中也都提到"公共利益"一词，但基本上未对其具体的内涵作出明确界定。越南 22 号法令第 1 章第 1 条第 2 款也提到"公共利益"，但只解释了"土地用于国家目的、公共利益包括哪些种类"而已。除此之外，84 号、197 号、198 号、181 号、69 号法令都提到"公共利益"，但也并没有对"公共利益"概念给出解释与界定。

无论从法律角度还是从社会角度来看，如果不分清楚什么是公共利益需要、什么是商业利益需要，目的模糊地拆迁，那就不仅仅是法律缺乏的问题，而是社会不公平、不公正的问题。有人认为，公共利益需要的拆迁应该符合大多数人的利益，由政府有关部门来确定，如果公共利益需要与商业利益需要两者之间混淆不清，就不可避免会有一些项目戴着公共利益的"帽子"来进行拆迁。

（四）拆迁房屋的评估方法不合理

越南 69 号法令第 24 条关于"对土地上的房屋与建设工程的补偿"规定："对于家庭（户）和个人的合法房屋与土地上的建设工程，拆迁时将按照类似新工程而进行评估来补偿"。该法令的第 25 条第 1 款关于"拆迁补偿补贴的负责人"规定："根据地方的实际情况，省级人民委员会给予所谓'补偿实行任务的组织'的补偿、补贴、安置任务，包括：（a）县级的补偿、补贴、安置的委员会；（b）土地发展开发组织"。第 25 条第 2 款还规定："补偿委员会由县级领导人担任委员会主席，其成员包括：（a）财政部门的代表人；（b）资源与环境部门的代表人；（c）计划与投资部门的代表人；（d）投资者；（e）被收回土地的公社级的代表人；（f）被收回土地居民的代表人（一个人或两个人);(g)其他成员(由委员会根据实际情况来决定)"。这样说来,评估机构是由地方政府来指定的,被拆迁方只有一人或者两人来代表。在这样的情况下,很难保证没有因利益关系而导致不明、不合理的评估。

越南 2003 年《土地法》第 183 条第 1 款对"解决土地投诉"规定:"土地使用者有权利对土地管理者的行政决定或行政行为投诉";关于"投诉步骤和流程",第 2 款规定:"对土地管理者(县级)的行政决定或行政行为的投诉,如果投诉者不满的话就向县级法院起诉,同时可以向省级政府投诉。省长(省主席或相当同级)的决定是最终的决定"。被拆迁人不满而投诉在 84 号法令也有相关的规定。该法令的第 63 条规定:"(1) 收到土地征收的决定 90 天之内,如果被征收土地者不同意的话就向县级政府进行投诉;(2) 县级的主席有责任根据《投诉法》解决投诉;(3) 收到县级主席投诉解决结果 45 天之内而投诉者认为解决办法不妥就可以继续向人民法院起诉或者向省级政府投诉"。这一法律规定看起来很详细、健全,但实际上并不容易操作。被收回土地人(也就是被拆迁人)只能因对补偿价格标准不满而投诉,但不会因投诉而获得更高的补偿金额。因为不管用什么途径(包括向人民法院起诉或向地方政府投诉),被拆迁人并没有资格跟评估机构商量补偿价格。因此可以说,由于相关法律"又剩余又缺乏"的现象,拆迁房屋的评估方法并不合理,也缺乏第三方独立评估机构。如果补偿评估不能达成一致,各方可以采取自己的合法评估机制然后交给法院,法院可以依据某种评估机制来参考并作出判决,从理论上讲,这样对被拆迁人而言是公平的,对拆迁人(包括地方政府)来说也是公正的。

越南房屋拆迁的现有相关法律规定仍然缺乏对评估机构、评估结果(价格)的明确认定,对评估过程中的弊端行为的相关规定不严密、处罚方法不严格。这点可以说是越南关于拆迁问题的法律漏洞之一。

(五) 补偿的程序与流程不正当,缺少被拆迁人表达利益诉求的途径

如图 3-2 所示,关于"土地收回与补偿安置的流程",越南 69 号法令在第 27—32 条有相关的规定。

在图 3-2 中,如果被拆迁人在拆迁补偿安置中觉得自己的利益(补偿价格、补偿范围、安置方案的选择等)被侵害,根本没有表达自己的想法、意见、建议的机会(即使有也属于"流于形式"或"敷衍了事"而已)。根据法律规定被拆迁人只有向法院起诉的权利或者走行政诉讼途径,但这两者都不是被拆迁人"愿意"做的事情,因为不管怎么说,地方法院、地方行政机构与地方政府是"一家人",在拆迁补偿安置的相关利益关切中三者当然有着同一个目标:拆迁项目进行得越快越好,拆迁过程中成本越低越好。对被拆迁人来说,他们也想尽力获得最大的利益,但获得利益的途径不多,空间也不大。事实上,有时候因为要推进拆迁进度,拆迁方会使用极端的手段,例如肆意断水、断电、断气、拆楼梯影响被拆迁人正常生活,以让其立即执行拆迁协议,被拆迁人往往对此无可奈何。

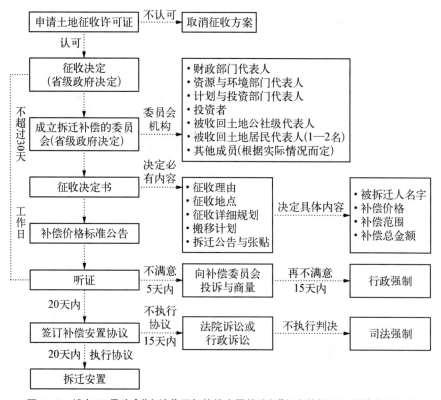

图 3-2 越南 69 号法令"土地收回与补偿安置的流程"规定的拆迁工作的主要流程

越南拆迁相关法律都明确规定,在拆迁补偿中"应该听证"被拆迁人的意见,但实际上执行人员不按照程序进行,听证流于形式。据笔者观察所知,关于拆迁的一应事宜都是政府说了算,被拆迁人很少有表达自己意见的机会。如被拆迁人有这样的意见:"在拆迁补偿过程中,我家没有机会发表自己的意见,只能按照政府(就是拆迁补偿委员会——笔者注)'定价'而签名,好像征收我家的土地和拆我家房子就是政府来决定,我完全没有表达自己意愿的权利和机会。"[①]图3-2中也表明,补偿标准、补偿范围、补偿价格评估等是由拆迁补偿委员会(也就是地方政府)来确定的。如果被拆迁人对拆迁补偿价格标准不满或是对协议不满都可以亲自向拆迁补偿委员会、地方法院、地方政府投诉、商量以求裁决,但众所周知,被拆迁人是弱势群体,难以赢得裁决。越南法律规定,如果被拆迁人对政府裁决不满意,可以向法院上诉。但是按照越南69号法令规定,诉讼按照法院判决执行。总而言之,被拆迁人只能按照拆迁部门的补偿标准乖乖地实行,因为被拆迁人在法律上本就缺少表达利益诉求的途径。笔者认为,这跟越南土地所有制度有关。

公平地说,近些年来越南政府也好,胡志明市政府也好,对拆迁补偿安置问题花了很多心血以日益完善相关政策,但从根本来说变化不大。从22号法令(1998年4月24日出台)到69号法令(2009年8月13日出台),拆迁补偿安置流程的规定没什么大的变化和更改:投资决定(政府)→补偿价格评估(政府)→进行收回(政府)→拆迁(政府)→建筑(政府,开发商)→经营(政府,开发商)。这样的规定和做法,说实话也有其好处:对政府来说很快就能达到目的,但也发生了不少的麻烦:被拆迁人完全属于被动状态,没有(或者可以说较少)提出自己意见的机会,被拆迁人处于"不知道、不能说、不能做、不可检查"的"四不"的状态[②]。总之,老百姓(受到拆迁直接影响

---

① 本书深入访谈资料(DBGT07)。
② 越南在许多政治文献中确定了越南人民的民主权利,包括:人民有权知道(政府的政策和做法)、人民有权谈论(政府的政策和做法)、人民有权参与(政府的政策规划)、人民有权检查(政府的政策与其执行)。该政策主张源于胡志明的民主思想:我们的制度是民主的,是有自由思想的;任何问题,人民都可以给出自己的意见,找到真理。这里胡志明强调让人民享受民主权利,同时知道如何使用自己的民主权利而敢说、敢做。

的群体),除了遵守与执行之外(否则将被强制遵守与执行)就没有其他的权利可谈了。正因为如此,引发了诸多社会矛盾、利益冲突,成为诉讼案件、投诉案件甚至上访案件发生的"良好土壤"。

值得强调的是,越南法律系统中,获取信息是人民基本的权利(越南1992年《宪法》①)。这意味着对于国家与党的主张、政策以及迫切问题甚至日常社会生活的相关政策,公民有权利知情。越南1992年《宪法》第2条也明确规定:"越南社会主义共和国是一个社会主义法治国家,属于人民、由于人民、为了人民"。按照此宪法规定,拆迁补偿的相关政策,被拆迁人应当获得相关的信息、应该作为参与者,或者至少可以表达自己的利益诉求。但法律规定上缺乏被拆迁人表达自己的相关利益诉求的措施。知情权利(在这里特指对拆迁补偿安置相关政策的知情权利),归根结底,是政府和百姓的凝固剂、胶黏剂之一。让政府官员更贴近人民,克服及消除拆迁过程中拆迁执行人员的官僚主义、傲慢态度的同时,需渐渐提高政策透明度和国家管理的有效性。

(六) 拆迁中的规定存在"请给式机制"②

越南69号法令第24条"对土地上的房屋与建设工程的补偿规定",在第2款第1点规定:"房屋价格补偿水平等于房屋的总价值加上该房子现有价值,房子现有价值的评估是现有价值比例乘以类似的新房子价格,但总共价格不超过同样的新房"。概括起来如下面公式所示:

a) 旧房屋补偿价格(A) = 新房屋建筑价格(A)

= 房屋建筑面积(B)×单价(C)(根据政府规定)

b) 旧房屋补偿价格(A′) = 旧房屋现有价值的百分比(B′)

× 类似新房子价格(C′)

---

① 越南1992年《宪法》第69条规定:"公民有以下范围的权利:言论自由、新闻自由;获得信息,依法集会与立会、游行、示威"。
② 所谓"请给式机制"属于官僚主义形式(bureaucratic mechanism)之一,就是国家(中央政府、地方政府)扮演分配者的角色,老百姓(被拆迁人)申请什么就根据具体情况而允许(或不允许)给出什么(因此也称"申请机制")。在拆迁补偿安置中,政府想"给"被拆迁人什么就"给"什么,反之被拆迁人只能向政府"请求"权利和利益。

该法律也明确规定（B′）价值＋（C′）价值不能超过（A′）价值。也就是说，有两种算法但只有一种结果：被拆迁人获得的价值总额不能超过原来房屋价值；"单价"和"现有房屋百分比的相当价值总额"由拆迁部门（政府）来决定。坦白地说，政府想给你多少你就拿多少，政府对房屋价值的评估算法你不会算，也不知情。因此，"会哭的孩子有奶吃""请给式""走后门"等现象就纷纷发生。如果被拆迁人"懂得规矩"向拆迁部门"商量"，就能达到"双赢"的目的：拆迁人得到赚钱机会的同时，被拆迁人也可以得到提高补偿金额的机会。因相关法律规定存在不清晰、不透明之处，所以执行拆迁的人员很容易作弊，利用法律漏洞来赚钱，越南人常常把该现象称为政府官员"边踢球边吹哨"①。因此，胡志明市律师会副会长阮文后认定："你是政府，就是公权机关，但你一边有收回土地的权力，一边有对房屋价格评价的权力，老百姓就'没门'了，被拆迁人失去切身的利益都不知向谁哭泣！法律上面应该减少'申请机制'，但目前的相关政策被利益集团插手了。"

越南法律规定，在拆迁补偿安置当中，房屋补偿可以有"土地换土地""房子换房子"和"土地换现金"3种方式，可是并未规定什么情况下可以选择哪种。这存在"模糊点""暗点"的规定让拆迁部门人员拥有孕育弊端的土壤：我（拆迁部门人员）想给你（被拆迁人）什么是我的权利，如果你跟我关系好的话，你就能获得更高的补偿金额。因此在胡志明市，有的拆迁补偿总金额占其拆迁项目总投资资金的80%，这并不是罕见现象。

越南181号法令规定，省级人民政府有权收回土地用以满足"公共利益"和"经济利益"的两个目的，省级也有权给出补偿拆迁房屋的价格标准，但实际上被拆迁房屋的补偿价格往往比市场上的房价便宜得多，同一个拆迁项目中有时候补偿标准也各不相同。其原因就在于，法律规定有漏洞和模糊之处，导致作弊行为、消极行为时有发生。

---

① "边踢球边吹哨"是越南的一个成语，指在踢球时，一个人一边当裁判一边当运动员，形容一个人想做什么就做什么，他说了算的意思。

（七）缺乏监督机制与市场因素

越南 197 号法令第 43 条关于"拆迁补偿中各级政府的责任规定"，第 1 款"省级人民政府的责任"规定：① 按照国家机关征用土地的决定来对被拆迁居民指导、组织、宣传、运动政府的拆迁补偿安置政策。② 对县级人民政府的指导：移民安置点、移民安置规划；补偿方案、补贴方案。③ 批准或下放给县级人民委员会来对拆迁补偿安置方案批准。④ 土地价格标准和房屋价格标准的批准。⑤ 根据法律规定来指导有关部门处理被拆迁人投诉和相关补偿的诉求。⑥ 确保拆迁补偿安置的客观性、公平性。⑦ 决定或下放给县级人民委员会对于不执行拆迁协议的被拆迁居民的强拆权利。⑧ 对在拆迁补偿安置过程中发生的弊端行为、不法行为、犯法行为等检查与处理的权利。尽管法律上已有规定，但实际上拆迁中的消极行为、弊端行为、违法行为仍频繁发生，比较突出的如：错误应用拆迁补偿条例；补偿价格标准被扭曲；伪造被拆迁人口和拆迁面积等来占用拆迁补偿基金、对被拆迁补偿人削减补偿金；在议定的拆迁项目，在同一个地点的同等地位的土地（同一地段），拆迁实施部门任意给被拆迁对象不同的补偿金额。拆迁补偿安置工作存在问题也是拆迁补偿安置中的监管工作松散、不到位的标志。

如果跟中国 2011 年《国有土地上房屋征收与补偿条例》的相关规定相比，越南目前拆迁过程中的利益主体之间的参与权利并没有太大差别，如表 3-1 所示。

表 3-1 中国和越南拆迁法律规定参与主体的对比

法律＼主体	人民政府	拆迁工作监管部门	实施部门	建设单位	居民	动拆迁评估
中国 2011 年《国有土地上房屋征收与补偿条例》（第 590 号）	征收人	上级人民政府	征收拆迁部门	申请人	被征收人	第三方
越南 2003 年《土地法》与 69 号法令	征收人	上级人民政府	征收拆迁部门（主要是政府）	政府（公共利益）；申请人（经济利益）	被拆迁人	拆迁补偿委员会（主要是政府）

越南法律上虽然对拆迁补偿安置工作的地方政府、人民委员会、拆迁补偿委员会、拆迁责任部门、拆迁实施部门等的责任和义务作了规定①,但实际上拆迁补偿中已出现不少问题。在研究过程中我们发现,严格遵守拆迁协议的被拆迁人比"反对人"(不执行协议)受到的损害还要多,"有关系""会哭"的被拆迁人比"不明白""不知道"的人获得更多的利益。这事实说明越南现有相关政策缺乏监管机制(独立监管机构),缺乏市场因素(第三方)。为避免出现以上所提到的问题,我们认为在拆迁补偿安置中应有独立机构(有法人和具备权利、资质、能力等的机构)参与,并成为拆迁补偿安置工作中的一个独立成员(当然政府必须有对其负责人的规定)。

(八) 缺乏安置之后工作的相关规定

截至 2012 年底,越南的法律对拆迁补偿安置的相关规定没有提到"安置后工作"(简称"后拆迁", after placement of work)。也就是说法律上的"后拆迁"政策处于空白状态。越南 197 号法令第 4、5 条有关于安置与补偿的相关规定,例如第 5 条第 4 点规定:"对被拆迁人的安置区稳定生活给予补贴。"但实际上,搬移到安置点之后的被拆迁人几乎没有人管了。众所周知,拆迁项目(特别是有移民的拆迁项目)是一个复杂的过程。拆迁归根结底,并不是为了"面子工程",也不是为了"把钉子拔掉"、让棚户区"变脸",而是通过拆迁塑造城市新的面貌,最终的目的是提高老百姓的生活水平(包括住房条件、生活条件等)。换句话说,城市房屋拆迁项目是提高城市居民生活水平的机会之一,对被拆迁居民来说也是全方位改变生活的途径之一,并不应该有"被赶走、被掠夺"的感觉。对于一个"为人民服务"的政府来说,拆迁补偿安置并不是进行"形象工程",而是要获得老百姓的信心。但从理论到实践看来,越南现有法律相关规定就忽略了上述问题。调查中我们发现,搬到新安置点后,86%的被拆迁人表示没

---

① 越南 2003 年《土地法》第 8 条以及 197 号法令第 43—47 条有相关规定。

有得到地方政府的任何帮助。因此可以坦言,到目前为止拆迁补偿安置工作仅仅解决了被拆迁人的住宅方面的问题,其他方面(就业、看病、文化、信仰等)似乎并没有得到关注。胡志明市不少的安置点是"四个没有"的:没有幼儿园、没有市场、没有医院、没有文化场所。这正是对拆迁补偿安置工作的目的认识错误的后果,导致了"被遗弃市民群体"现象的产生。有关部门应该知道,拆迁项目不是把想要"赶走"的市民群体"赶出去"就成功了。

我们不难看到,拆迁补偿安置关联到一系列问题:搬移、住宅、生意、就业,安置点的生态环境、生活环境,被拆迁人的学习生活,包括"后安置"问题:生活方式、文化,安置点的基础设施建设配套如道路、学校、医院、娱乐区等。因此"补偿"的概念不仅指物质上的补偿,而且指精神上的补偿;不仅是有形补偿,而且有无形的补偿;不仅仅是安置前,而且包括安置后。

越南法律规定,任何拆迁安置项目对于被拆迁人生活水平来说,被拆迁之后不亚于拆迁之前,也就是说被拆迁人生活水平应该得到提高。但法律上并没有明确规定如何衡量和评估被拆迁群体的安置后的生活水平,同时也引发一个疑问:谁有责任来衡量与评估?在越南,不少安置点仅仅是解决了老百姓的住宅问题,而没有关心被拆迁群体的生活水平方面的问题。目前在胡志明市并没有相关的研究以及相关的数据,但从实际观察中我们发现,搬到安置点之后,被拆迁人碰到不少麻烦,不少家庭因为拆迁而失去职业,或因拆迁而导致生意、学习等方面受到影响,这些"无形损失"为数不少,但法律上并没有对其补偿进行明确规定。

不管怎么说,任何政策并不是一出台就十全十美的,政策也有它的生命周期,也有"生、老、病、死"的过程,都存在不完善、有缺点的地方,没有一个政策在任何情况、任何时间、任何地点都是完全正确、完全落实的,拆迁补偿安置政策也并不例外。问题的关键是,要根据实际的要求而逐步完善与健全。

第二节 胡志明市拆迁补偿安置政策

一、相关政策

近年来,对于城市房屋拆迁补偿安置的问题,越南中央政府和胡志明市人民政府都不断地试图寻找解决办法,为此制定了不少相关法律法规。随着动拆迁政策的逐渐补充和完善,政府也日益重视被拆迁人的权利,为老百姓、被拆迁居民着想,逐步提高市民与被拆迁人的生活水平,把城市面貌更新得越来越漂亮。早在1998年胡志明市常务委员会已出台18号决议[①],此决议第2目第2款第1点规定:"为了城市经济社会发展与保持城市经济增长目标,城市拆迁补偿安置项目是必需的,但在拆迁补偿安置过程中必须把老百姓的日常生活与社会稳定作为始终目标。因此,拆迁补偿安置政策必须使被拆迁居民的新住房、新生活不亚于原来的或比原来更好。拆迁补偿安置相关政策确保均衡国家利益、投资者利益、被拆迁人利益的三者之间利益可协调、和谐。"这是完全正确的政策,不仅仅给予老百姓新的住宅并且确保老百姓的日常生活基本条件不亚于原来的。但实践证明,由于经济、社会、城市管理、城市管理干部队伍等因素,胡志明市未能将18号决议落实到位,反而在实行拆迁补偿安置工作中引发了不少的社会问题。因此,胡志明市政府对于拆迁补偿安置项目又出台了一系列相关政策。其目的在于,一方面逐步解决拆迁补偿安置工作存在的问题,另一方面结合拆迁补偿安置工作中发生的新问题,同时根据实际情况来完善有关的政策,加快本市拆迁补偿安置项目的进度,提高城市改造、更新的速度。

---

① 胡志明市人民政府18/NQ-TU决议《关于国家土地征收的胡志明市范围内之拆迁补偿安置相关政策》,出台于1998年5月23日。

(一) 08/2002/CT‐UB 号指令

08/2002/CT‐UB 号指令《关于胡志明市房屋与用地的加强改组和管理措施》①,简指 08 号指令。其出台的背景是:胡志明市的土地用途转换、土地买卖、土地转让以及相关商品销售、采购等存在不法行为日益恶化的情况,不法行为性质越来越复杂、规模越来越大,导致大部分土地的使用效率低、社会资本被浪费等,违法建设现象越来越严重,搅乱了城市整体规划,房产的违法买卖、投机倒把等行为则扰乱了胡志明市房产价格。这些都对胡志明市的城市化、现代化过程产生了不利的影响,在房地产计划和土地规划中引发了许多投诉案件,也影响了全市的社会秩序,所以 08/2002/CT‐UB 号指令应运而生。

08 号指令的内容主要是:① 在胡志明市范围内,土地非法转让、土地非法转换用途、土地非法买卖、非法建筑等行为都必须依法处理。② 市政府要求有关部门负责人、各级领导立刻对农业用地使用权转换成建筑用地、非法建设房子、违反城市规划建设建筑等行为进行检查、决定停止、处理。③ 对于拆迁安置项目,鼓励和优先进行建筑公寓项目,限制建筑平房的规划,终止把专用土地细分成"小块"来建房②。

(二) 135 号决议

从某个角度来看,08 号指令只是一个"笼统、宏观"的规定,对于具体的拆迁补偿安置项目来说,其似乎没有真正的作用。所以 2002 年 11 月 21 日,胡志明市政府又出台了《关于胡志明市建筑规划中的拆迁、补偿补贴、安置工作的规定》,其内容包括拆迁项目规定,补偿、补贴的具体规定,安置工作相关规定等,该规定被称为 135 号决议。当时,胡志明市政府正在加快城市更新和改造工作,尤其是推进"胡志明市首添新城区项目"。对于 135 号决议,有学者说,这是胡志明市拆迁补偿安置政策的一个具有突破性、开发

---

① 该指令出台于 2002 年 4 月 22 日。
② 目前胡志明市市民住宅主要是平房。这其中有文化、习俗、传统等原因,但部分是由于城市规划、拆迁安置因素导致的。不少学者把胡志明市的住房形容为"火柴盒式的房子"。

性、具体性、转折性的政策。

135号决议主要包括5个部分：

(1) 关于拆迁时各种土地的补偿、补贴规定。包括可能获得（或没有获得）的土地种类。土地收到补偿的条件是合法性、合理性（土地存在时间比占用时间长，但占用时间是1993年10月15日之前就算是合理性土地[①]）。其中对土地补偿范围与方式作了详细规定。土地补偿包括：① 土地换土地或土地换房子（适用于被拆迁100%房子或征收100%土地的人）；② 土地换现金的两种方式。

(2) 关于土地与土地上附属物的补偿。土地上附属物包括：房子、土地定着物、其他土地构筑物（植物、坟墓等）、家内用品（固定电话、电表、水表等）。

(3) 关于"其他拆迁补贴"。所谓其他拆迁补贴包括：稳定生活补贴（一次性的补贴：具有本市户口的为100万越南盾/人），房屋拆卸、搬移费用的补贴（200万越南盾/户），因拆迁而停止生产或生意受影响的补贴（按具体情况来定），因拆迁而转换行业、失业等的补贴（按具体情况来定）。

(4) 关于安置工作的规定。包括安置的条件、形式、方式、原则，处理安置工作问题的相关规定，以及安置点房产权的相关规定。

(5) 实施落实步骤的相关措施。

(三) 31号决议及相关决议

2003年，胡志明市政府出台31/2003/QĐ-UB号决议《关于国家为了国防、安宁、国家利益、公共利益的目的在胡志明市范围内收回土地的拆迁补偿安置项目的流程、实施相关规定》[②]，又称为31号决议。

胡志明市31号决议主要内容有：土地征收的相关程序与手续；拆迁补偿安置工作的相关规定；紧急的拆迁安置项目与其相关措施。其第3条对

---

① 1993年10月15日是越南《土地法》生效时间点。在此之前没有土地使用权的也算是合理的土地使用，所以拆迁时使用者也有权得到补偿。

② 该决议出台于2003年3月10日。

拆迁补偿安置项目的委员会(简称评议会)的机构、数量、任务、权利作了细致规定。在拆迁补偿安置过程中如果发生争端、引发投诉等问题,第 11 条对此也有相关的规定。尤其第 12 条对于"奖励和处罚"作了相关规定:如果被拆迁居民对于拆迁补偿安置的程序、时间等准确执行就会获得奖励。奖励金额由评议会来决定。反之,如发现个人、单位、组织、行政机关等有违法行为的就依法处理(可以追究刑事责任)。第 13、14 条对有关部门负责人、县级人民政府主席的权利与法律责任也作了相关规定。31 号决议基本上是"具体化"了越南中央政府 22 号法令,所以该决议在胡志明市的拆迁补偿安置工作中并没有"地方化"的政策,甚至其有的条例还违反了越南 1993 年《土地法》。例如其第 1 条第 4 款规定"在紧急情况下,市政府根据具体情况和具体项目而进行收回土地,不需给被拆迁居民送达土地征收补偿决定书"。该规定违反 1993 年《土地法》第 39 条第 3 款:"送达土地征收与房屋拆迁决定书之后才能进行征收土地和拆迁房屋"。又如,其第 3 条第 2 款关于"拆迁补偿安置的评议会机构"规定,其中要有"投资者的代表",但实际上,有的拆迁项目不一定必须要求投资者为评议会的代表。

因此在 2004 年,为了修改和补充 31 号决议不完善与不合理的地方,胡志明市人民政府出台了 238/2004/QĐ-UB 号关于"对 31 号若干条例的修订、补充的规定",也称 238 号决议,其使命主要是修改、补充 31 号决议,对拆迁补偿安置工作并没有提出新的规定。

(四) 106 号决议及相关决议

2003—2005 年间越南出台了一些拆迁补偿安置相关的法律,比如 2003 年《土地法》和 181、197、198 号法令,胡志明市根据实际需要出台了 106/2005/QĐ-UBND 号《关于胡志明市区的拆迁补偿安置工作的规定》[①],也称 106 号决议。研究拆迁补偿安置的学者认为,106 号决议是 181、197、198 号法令"派生、衍生"出来的。其中值得注意的是,对于土地征收与拆迁

---

① 该决议出台于 2005 年 6 月 16 日。

房屋的补偿范围、价格,106号决议规定,根据城市环线来评估补偿价格,具体规定是:城市内环(也称第1地域)包括1区、3区、4区、5区、6区、8区、10区、11区、富润区、新平区、新富区、鹅贡区以及平石区(除其第28小区);城市中环(也称第2地域)包括2区、7区、9区、12区、首德区、平新区以及平石区的第28小区;城市外环(也称第3地域)包括荣门县、平正县、雅县、芹耶县、古支县。在补偿价格的评估过程中应该按照环线以及马路位置来评估和确定补偿价格。补偿方式有"土地换土地"与"土地、房屋换现金"的两种选择;补偿范围包括土地与土地上附属物;除了补偿还有补贴,补贴范围很广泛,包括稳定生活补贴、稳定生产与生意的补贴、转换工作的补贴、对贫困家庭的补贴。该决议的第5章专用于"安置工作规定",对于安置工作的对象、条件、方式,安置地点、安置位置的相关问题,安置后的援助金,对过渡安置房居民的补贴等都作了规定。可以说106号决议的新亮点主要在于补偿价格和补偿范围规定都较为细致。但总的来看,对于被拆迁安置居民来说,106号决议的相关规定并没有特别大的优惠,尤其是对弱势群体而言更是如此。例如,对于拆迁房屋补偿价格的规定,"对于被拆迁房子的总价格小于安置点的房子总价格,被拆迁者应向投资者(开发商)支付其差值",比如乙是被拆迁人,乙的房屋价格被评估为10万元,乙要么拿10万元"走人"要么选择转到安置区公寓楼住,但安置区房子单价15万元/套,那乙必须向开发商再缴纳5万元差值,对于弱势群体和贫穷家庭来说,这无疑是一个难题:选择"拿钱走人"之后也不知道以后怎么办,而选择安置公寓钱也不够。

因此,胡志明市人民政府出台了143/2005/QĐ-UB号决议①,也称为143号决议,来修订106号决议的不足之处。根据这一决议,再以前一例子来说,如果乙选择入住安置区公寓房而地方政府确定乙属于贫困户,乙可以延期或者分期来付款(但不超过10年时间)。承担了修订106号决议"任务"的还有11/2006/QĐ-UBND号决议②,也称为11号决议,它对于

---

① 该决议出台于2005年8月15日。
② 该决议出台于2006年1月25日。

106号决议第9条第3款第3.1目和第10条第2款作了修订,修订内容主要是补偿价格评估方案。例如,位于同一条路但属于不同的环线(甚至距离靠近)的两处房子,按照106号决议规定来确定补偿价格,两者之间的差价很大,为此产生了诸多争端、不满、攀比等。为了解决这一问题,11号决议规定,对于位于同一条路而属于不同的环线(以地区区分)的房子,根据具体情况由拆迁补偿评议会和地方人民政府一起商量给出决定,在必要情况下,市政府可以干涉并同时付出额外的资金来补偿其特殊情况。

在实际操作中,由于106号决议及其他相关决议尚未完善,在不少拆迁补偿安置项目的运用中出现了问题。甚至有的执行拆迁补偿安置的人员坦言,不知道选择哪个决议来实施,因为一是决议"出生"较多,难于选择,二是决议修订较乱,前后不一。有时候一个拆迁补偿安置项目就有一个其"专用决议"。例如,胡志明市南城新城区项目的"专用决议"是92号决议[①],对应于首添新城区项目的则是132号决议[②]。在拆迁补偿安置相关法规的如此乱象下,对于拆迁补偿安置的相关利益主体来说都是很尴尬、无奈与不利的。截至2008年年初,胡志明市政府对于拆迁补偿安置的相关政策规定还属于"救火政策"[③]。据笔者分析,当时胡志明市的拆迁补偿安置政策有以下特征:一是"剩余和缺乏并存";二是"请给式机制";三是"拆迁补偿价格标准低";四是"评估方式、评估机构不合理";五是"拆迁补偿安置的程序和流程不一致"。因此,胡志明市政府力图给拆迁补偿安置工作从法律上出台一个较完整、较一致的政策。2008年3月14日,胡志明市政府出台17/2008/QĐ-UBND号决议,也称为17号决议,作出了"胡志明市区拆迁补偿安置的法律规定"。17号决议第2条第2款明确规定"废止下列的规定:(a) 31号决议,(b) 238号决议,(c) 106号决议,(d) 11号决议,(e) 该决议颁布之前,胡志明市人民政府的其他政策关于拆迁补偿安置的规定而与该决议相冲突的,

---

① 该决议出台于2006年6月6日,是关于"胡志明市的南城新城区规划拆迁补偿安置项目的相关规定"。
② 该决议出台于2006年8月16日,是关于"胡志明市的首添新城区规划拆迁补偿安置项目的相关规定"。
③ "救火政策"指哪里着火就哪里灭火的政策,形容没有一贯性的政策。

都被废止与失效"。

对于拆迁补偿安置工作而言,17号决议可说是一个新的转折点,然而,在拆迁补偿安置的过程当中,仍然产生了不少新的问题。例如,甲的房屋(平房)已有房屋权属证书,上面写着共有 100 平方米,但当拆迁补偿时,拆迁部门进行实地测量,其实地面积只是 80 平方米,根据 17 号决议第 6 条第 4 款第 1 点规定,"若实际测量面积比书面面积小,根据实际测量的面积来补偿"。现实中这种案例比较多,其原因大致如下:第一,可能由于历史因素,有的家庭从 1975 年以来一直住在那一块地,然后到 1993 年(越南《土地法》诞生)他们办好手续,却不知道土地的实际面积和书面面积的差别。当然,这并不是他们的错误。第二,胡志明市靠近西贡河,河中每天都有潮水,因此有的地方被潮水侵蚀,久而久之土地(甚至房子)被"收缩"面积,这是自然不可抗力造成的。

拆迁补偿安置评估工作中,根据 17 号决议规定,就按照实际测量面积来进行补偿,当然其"苦主"不服、不满的同时就会发生争论、投诉、上访等行为。因此,2008 年 8—12 月,胡志明市政府连续出台两个决议,其目的就是修订 17 号决议不合理、不足、不及("三不")的地方①。截至 2010 年,胡志明市拆迁补偿安置项目越来越多,拆迁移民项目中的搬移人数规模越来越大,因拆迁而发生的各种案件也越来越多。然而,拆迁补偿安置的相关政策依然乱象频出,不少政策规定一出台就被"淘汰"了。因此,胡志明市政府决定给拆迁补偿安置问题一个完整、概括的政策,补充完善从 08 指令(2002年)到 06 号决议(2009 年)不足的地方。

(五) 35 号决议

出台于 2010 年 5 月 28 日的胡志明市 35/2010/QĐ - UBND 号决议(即 35 号决议)应运而生,它是关于"胡志明市区拆迁补偿安置的决定"。

---

① 这两个决议是胡志明市政府 65/2008/QĐ - UBND 决议(65 号决议)《对于 17 号决议的修订和补充规定》和胡志明市政府 82/2008/QĐ - UBND 决议(82 号决议)《对于 17 号决议第 10 条第 2 款的修订和补充规定》。

35号决议废止以前所有的相关决议。其第2条第3款规定:"废止下列的规定:(a) 17号决议、(b) 65号决议、(c) 82号决议、(d) 92号决议、(e) 该决议颁布之前胡志明市人民政府的其他政策中关于拆迁补偿安置的规定而违反本决定的现予废除。"目前为止,可以说35号决议是胡志明市政府最新、最完善的拆迁补偿安置相关法规。从2010年到现在,胡志明市市区绝大多数拆迁项目都是按照35号决议来实施的。

关于安置方案,35号决议第6条规定:"被拆迁人因拆而搬移,可以选择下列方案:(a) 住房(公寓)的补偿;(b) 土地的补偿;(c) 货币的补偿。"简单地说,被拆迁人具有"房子换房子""土地换土地""土地换现金"这3种选择方案。对被拆迁人来说,本规定给予其多种选择,但实际上,补偿方案不是关键问题,关键问题在于补偿评估过程、机构、价值等方面。在这点上有不少争议,因为补偿方案的选择是"结果",而补偿范围、补偿价值评估是一个"过程",被拆迁人需要的是,在补偿过程中作为拆迁补偿安置的相关利益主体之一,他们在参与的同时给出意见、建议与争取相关合法利益的权利。

概括起来,35号决议核心内容如下:

(1) 关于本决议适用范围,第1条明确指出,为了保障国家安全、国家利益、公共利益、国防需要、经济发展需要。这点吻合于越南181、187、84号法令,但"经济发展需要"的内涵如何,目前还没有明确解释。

(2) 补偿的原则:具有土地使用权和房屋所有权的人,被征收的时候才给予补偿,否则不给予补偿。

(3) 补偿标准和范围:按照相关法律的规定被拆迁人可获得补偿,包括被征收土地以及土地上附属物(房屋、建筑物)价值的补偿,因拆迁造成搬迁、临时安置的补偿,因拆迁造成的停产、停业的损害的补偿。

(4) 补偿价格评估由拆迁补偿安置的评议会来进行。

(5) 安置方案,被拆迁人可以选择三种之一,即货币补偿(土地换现金)、土地产权调换(土地换土地)、房屋产权调换(房子换房子)中的一种。

(6) 关于被拆迁人的权利,第38条明确指出,被拆迁人具有以下的权利:① 向安置点有关管理部门提出相关行政手续,如户口、医疗、入学等方面登记。② 优先就近入学、就近看病等。③ 若安置点的基础设施建设配套不足而且不符合安置房所公布的质量标准,被拆迁人有权拒绝转到安置点。④ 有权向拆迁管理部门提供免费安置房设计。

(7) 拆迁补偿安置的流程坚持"先补偿、后搬迁"的原则。但在紧急情况下,可以选择"先搬迁后补偿、安置"。这一规定引发了争议,尤其是被征收房屋所有权人,他们认为这样的规定等于"把小孩扔到市场中"。

(8) 补偿金额确定方法,第26条规定,根据拆迁房屋的区位、用途、建筑面积等因素来确定房屋价值,具体办法由拆迁补偿安置项目的评议会制定。一般情况下,房屋价值定价办法是:房屋重置价加上区位基准价格。区位基准价格由地方人民政府制定。

对于拆迁补偿安置的相关法律法规,近年来胡志明市人民政府已经尽力做出很大的改变。可以说从08指令(2002年)到35号决议(2010年)就是一个不断完善拆迁补偿安置相关活动的过程。当然,胡志明市人民政府现行的相关拆迁政策并不是已经没有完善的空间,应当不断修改、更新以便满足实际的需求。在这里笔者想把胡志明市现有的相关拆迁政策与上海市的来对比一下(如表3-2所示)。

表3-2 胡志明市与上海市拆迁规定比较

城市/规定 基本规定	胡志明市(35号决议)	上海市(71号令)[①]
主　　体	● 市、县级人民政府 ● 拆迁项目评议会(受市政府批准) ● 被拆迁人	● 市、县级人民政府 ● 征收部门(由市政府确定) ● 房屋拆迁实施单位(受征收部门委托) ● 被征收人
监管部门	● 市政府	● 市政府

---

① 《上海市国有土地上房屋征收与补偿实施细则》,简称71号令,经2011年10月10日上海市人民政府第121次常务会议通过,2011年10月19日上海市人民政府令第71号公布,自公布之日起施行。

(续表)

基本规定 \ 城市/规定	胡志明市(35号决议)	上海市(71号令)
审批程序	• 拆迁补偿安置项目计划 • 市政府批准 • 补偿安置方案公布 • 征求意见 • 送达拆迁补偿安置的决定 • 进行补偿安置并拆迁	• 作出房屋征收决定 • 房屋征收部门拟定征收补偿方案并公布 • 征求意见(不少于30天) • 修改并公布 • 签订补偿协议,专款补偿 • 收回国有土地使用权 • 招拍价(开发商与市政府合作协议)
补偿方式	• 土地换现金 • 土地换土地 • 房子换房子	• 货币补偿 • 房屋产权调换
补助、补贴	• 居住困难户的补贴 • 搬移费和临时安置费补助 • 因搬移在职停产、停业、失业的补贴 • 房屋上附属物的补贴(水表、电表等)	• 按照被征收房屋的房地产市场评估价格确定停产、停业的补贴 • 特定房屋类型的套型面积补贴 • 居住困难户的保障补贴 • 搬迁费和临时安置费
搬迁	• 先补偿,后搬迁	• 先补偿,后搬迁

平心而论,35号决议有了很大的进步,房屋所有人的利益得到了维护,对于公共利益需要的界定更加明确,在实践中,补偿价格日益合情合理,安置方式更加丰富和具有可选择性。但为什么拆迁政策越来越完善,而拆迁过程中发生纠纷、冲突、诉讼等却越演越烈呢?关键问题是否在于利益纠纷?归根结底,利益纠纷的内因在于拆迁各方权利的不平等或权力的不均衡。因此,要解决此问题首先需要法律上确认各方的权力、权利、责任、义务和行为。目前胡志明市拆迁补偿安置的相关政策(包括35号决议)对此还没有明确的规定。拆迁补偿安置政策的补偿范围、价格等都会有变化,但其中一个关键的问题不会变,那就是补偿价格评估机构以及拆迁中各方相关利益主体。因此,拆迁各方权力和权利包括地位、利益、责任与义务等都应

当在法律框架中明确规定。

从制度变迁理论来看,在城市房屋拆迁补偿安置的相关政策制度变迁中,政府扮演着制度制定的重要角色,因此政府就有责任和义务确保相关法律法规制定程序的公正性、制定内容的合理性。同时,在制定新的政策时应该考虑到各方利益主体的需求。对于被拆迁人来说,在拆迁补偿安置中,应该确保提高其合法地位、增加谈判的机会而不是给予补偿金额越多越好。确实,补偿金额是拆迁补偿活动的重要环节,但并不是其中的关键问题,更不是解决拆迁纠纷的最重要途径。所以,制定和完善拆迁政策,关键环节是提高居民与政府(包括拆迁管理部门)的谈判能力系数,给出一个拆迁中的利益平衡底线,在这里各方利益主体能够平等地进行协商、妥协和交易。

二、拆迁补偿安置中存在的问题

(一) 领导干部对于拆迁补偿安置现有政策的评价

通过深入访谈我们发现[①],胡志明市政府部门的领导干部对拆迁补偿安置工作和相关政策的评价主要有以下几点:

1. 拆迁政策仍有限制,政策落后于实践

据胡志明市建设局的统计数据[②],在1998—2010年期间,胡志明市已实施和正在实施的城市建设项目有1 093个,其中补偿总金额821 700亿越南盾;受影响住户总数为165 777户,其中选择"土地换现金"补偿方式的有43 237户(26.08%),选择"土地换房子"(产权调换)补偿方式的有61 777户(37.27%),其余选择其他方式(36.65%)。截至2010年12月已经完成902个拆迁项目,其中已安排23 531户转到新安置区,还没安置好的为38 246户。以上数据说明目前胡志明市的拆迁项目数量巨大而且拆迁项目存量也不少,其中包括大量的补偿与安置工作。根据胡志明市建设局局长

---

① 笔者在胡志明市人民政府随机找到7位与拆迁补偿安置有关的干部进行访谈。
② 本书深入访谈资料(LDTP04)。

阮明勇的观点，拆迁补偿安置活动进展缓慢是相关政策不完善导致的[①]。政策往往落后于实践，政策界限较模糊。有的政策刚出台不久就"失灵"了。例如，胡志明市的17号议决出台后，废止了31号、238号、106号、11号决议，但不久之后，65号、82号决议纷纷出台，其使命就是修改17号议决。应当说，政策制定者的能力总低于现实的要求。并且，有的政策本身一部分条款就和立法精神不一致。比如，17号决议第51条规定，被拆迁人收到拆迁决定书的时候，若是不满意的话，应在90天之内向县级人民政府申请行政复议，同时可以向法院提起诉讼。在行政复议和诉讼中，不停止补偿决定的执行，被拆迁人尊重决定进行搬移。从管理角度来看，该规定意在促进拆迁工作的进度，避免一部分被拆迁人故意拖延拆迁工作。但实际上，该规定引发了不少社会问题。

阮明勇还指出：根据越南197号法令、16号法令等规定，在拆迁安置项目实现之前，地方政府以及投资者应当准备好安置资金。但大部分拆迁项目安置资金的准备工作很被动。可以说，从总体来看拆迁政策仍有限制，落后于实践，甚至存在政策约束政策的现象，政策互相冲突、出现漏洞并不罕见。

2. 目前的补偿政策产生争议的情况

胡志明市政府办公厅武明伦指出，2002年之前虽然拆迁补偿安置政策还没完善，补偿标准很低，但拆迁补偿安置工作进行得很顺利。他强调，那时候不执行拆迁协议的被拆迁人向人民政府要求复议、对抗拆迁等现象都是有的，但确实没有像现在那么厉害、恶劣[②]。笔者认为，拆迁相关政策的核心在于补偿政策，具体地说就是补偿标准、补偿范围。制定政策者与被拆迁者在补偿标准无法达成一致时就会引发争议、不满、冲突等现象。在制定拆迁相关政策的过程中，中央政府也好、地方政府也罢，制定政策者仍有较强的计划经济色彩的思维。越南从1986年起就承认和接受"市场经济体制"，但政策中并没有"闻到""市场经济味道"。比如补偿价格标准往往低于市场

[①] 本书深入访谈资料(LDTP03)。
[②] 本书深入访谈资料(LDGL01)。

价格,引发被拆迁人攀比心理。同时,不能否认的是,随着市民素质日益提高,市民的思想越来越理性化、法制化,私有财产和私有财产应受保护的观念已逐渐深入人心。以前在拆迁运动宣传的时候,拆迁有关部门可以向被拆迁人宣传"为了集体的利益,牺牲个人的利益"等好话,但现在不行了。武明伦还强调,当个人利益还没有得到保障时,集体利益是不会得到保障的,这已成为市民的共识,这也意味着市民的法律素质普遍提高了。此外,不难看到被拆迁人除了考虑房屋现有的价值,更重要的是还考虑到其升值的潜力,同时也考量了自己的生活条件、医疗、上学、安置区的基建等各方面因素,而从政府角度看来,政府已经"简单化"房屋价值(只考虑被拆迁人的房屋的价值)。可见两者之间的观点、看法、标准不一致,这就会导致问题和矛盾的产生。因此,对于拆迁补偿安置的问题,政府和有关部门应该全面考虑,重新认识拆迁补偿问题,拆迁问题不应仅限于补偿问题(补偿价格、补偿范围、补偿评价、补偿机制等物质方面),更应该看到被拆迁人的"非物质"损害并对其作出合理的补偿。

3.安置政策的缺陷、缺失和矛盾

目前为止,关于胡志明市的拆迁补偿安置政策,"九成以上领导干部都承认是'有问题'的,有的拆迁项目不知道拿哪个'政策'来实施"[①]。所以,在胡志明市有的拆迁政策"专用于"一个拆迁项目,例如135号、143号议决是用于胡志明市的守添新城区拆迁项目。因此,在进行拆迁补偿安置的时候,"有的干部拿'专用'政策实施于'普通'政策所涉项目"[②]。通过访谈我们得知,安置政策不一致也导致现在被拆迁人攀比、不满等现象纷纷产生,比如有的一开始选择"土地换房子"的方案,但考虑后选择"土地换现金",和别人对比后又后悔,由此引发了矛盾冲突。

4.拆迁中产生纠纷的相关法律规定难落实

每个拆迁补偿项目实施起来都有其难点,但最棘手的难题就是解决纠纷问题。一方面法律规定较笼统,另一方面被拆迁人(甚至拆迁管理部门人

---

① 本书深入访谈资料(QLTP01)。
② 本书深入访谈资料(TDC01)。

员)不太明白相关的规定。实际上,有多少被拆迁人能知道在拆迁过程中自己所拥有的权利？他们是否知道从哪些途径来获得和维护自己的权利？有多少被拆迁人能知道表达自己利益诉求的机制？被拆迁人对于拆迁补偿安置的流程、规定等的了解确实存在很多盲点。胡志明市鹅贡区区主席阮文嫩认为,法律上应当规定,拆迁补偿安置项目在进行之前应该向被拆迁人做好宣传工作,包括：拆迁、补偿、安置的规定和流程；拆迁中被拆迁人的权利和义务；被拆迁人对于其权利的认可度的评估；解决拆迁过程中的纠纷的途径,在解决纠纷中被拆迁人的满意度等。阮文嫩还强调,任何拆迁项目都是为了老百姓着想,老百姓的满意度如何就是评估其项目成功与否的重要因素之一。所以拆迁相关规定不仅仅是书面的规定,更应当是从实际工作中总结出来的经验,从老百姓的反馈中修订是政策完善的重要途径。

5.拆迁政策中关于安置后的相关规定并不完善

在与胡志明市经济预算委员会副主任黄功雄进行访谈的时候,他对拆迁问题的意见主要集中于安置后工作的相关规定。他说,有的时候被拆迁人选择"土地换房子"并准备转到安置点,但安置点的住房质量很差,基建也很简陋,因此出现了"有房而不敢住"或把安置点的住房再卖出去的现象[1]。胡志明市9区人民政府副主席阮文成也透露,目前在9区有111个拆迁项目,有5 076户需要搬移,其中需要安排到公寓的有1 301户[2]。他解释说,大多数被拆迁人因不适应在高楼生活所以把房子转让给别人；一部分被拆迁人选择"土地换土地"的安置方案,但因补偿总金额不足,不能自己建筑新房,所以"空地不建"(土地被荒废而没有建筑),这并不是罕见的事情。虽然这些情况导致一些不良的社会现象出现,但政府相关部门对此也有力不从心的感觉。"有时补偿资金不能及时转给被拆迁人,让老百姓的生活'雪上加霜',这样的场景我们也只能无奈地视而不见",阮文成说[3]。

---

[1] 本书深入访谈资料(LDGL01)。
[2] 选择"土地换房子"的被拆迁人。
[3] 本书深入访谈资料(LDQH07)。

胡志明市劳动、荣军和社会事务局兼165基金项目[①]的代表人阮氏青梅表示:"目前,9区的拆迁人有1 387户需要贷款。其贷款目的是转换工作、职业培养等,总金额达到770亿越南盾。不过165基金十分缺乏,所以不能满足被拆迁人贷款的需要。"为了进一步完善安置后的工作,胡志明市新创了165基金,但从法规方面来说,没有任何相关条款保障安置后工作,"所以就走一步算一步吧",阮氏青梅叹息[②]。因此,目前的拆迁政策对于安置后的相关规定不明确,正如阮文成所说,"我们的任务只能到这里而已"。

据了解,拆迁安置后的一部分居民生活十分困难,其就业、医疗、子女上学等方面都或多或少受到影响,原因在于城市建设项目、拆迁项目只关心被迁移人的住房问题而忽略了其他方面如经济、社会、文化、环境等"安置后"的工作。事实上胡志明市政府忽视了被拆迁人的安置后问题,法律对此问题也并没有明确规定,这是拆迁政策法律不完善的地方之一。根据胡志明市农民协会副主席扬名光的数据,在胡志明市区,安置后(被搬移)居民的经济条件比原来好的仅占总拆迁人数的15%,有稳定的经济来源的占45%,其余的属于经济困难。扬名光强调,这些数据说明我们的安置后工作做得并不周到。

(二) 拆迁补偿安置一线工作人员对于现有政策的评价

通过对拆迁补偿安置一线工作人员的访谈调研[③],我们发现,对于拆迁补偿管理部门和拆迁人员(主要是区级人民政府的干部)来说,他们也有"拆迁的痛苦"。因为直接进行拆迁补偿工作,所以他们更了解拆迁的难处,他们对拆迁补偿安置政策有如下评价:

1. 征收难,动迁难

目前胡志明市现有的拆迁补偿标准过低,被拆迁人越来越认识到自己

---

① 165基金项目是指胡志明市拆迁时对土地被征收人的就业支援、职业培养的基金项目,它是胡志明市的拆迁补偿安置工作中的创新举措之一,得到了越南中央政府很高的评价,其他城市也向胡志明学习并实施这一举措。
② 本书深入访谈资料(QLTP01)。
③ 以下将其简称为"直接拆迁人",访谈人数12名(6女6男)。

的利益所在,不再愿意"听话"地搬迁,这就是胡志明市拆迁工作当前最大的难题之一。房屋对越南人来说,不仅是住宅,还是一个非常重要的经济收入来源①,即房屋是出租、开店经营等收益的途径。目前为止,现有补偿标准只能按照法律规定来跟被拆迁人进行土地、房屋的价格评估,这种评估往往遭到被拆迁人的不满和抗议,甚至引发对评估者的质疑、殴打,严重影响了拆迁补偿安置工作。

2. 安置慢,被拆迁人的利益得不到根本保证

根据当前法律规定,被拆迁人有权利选择安置方案,同时也有转换其他方案的权利。在办理安置用地时,按照被拆迁人选择数量来制定方案和分配相应的土地,但因为办理相关用地指标的手续比较复杂,相关的报批所需时间较长,而适用的法律规定有时并不明确甚至互相不一致,造成安置工作日益繁琐。

3. 大量的土地和房屋权属分配较复杂,违法建筑比例大

由于历史原因,胡志明市在较长时间内对于土地使用权及房屋合法权属的登记管理不够严格,因此征地拆迁中常出现手续不全的现象。此外,在胡志明市范围内,居民违法占地、违法建筑非常多,市民不经审批就自建自搭房屋的现象很普遍,加之城市规划和管理工作不到位,致使土地征收和拆迁补偿工作十分困难。再者,目前胡志明市还存在不少贫民窟、棚户区等,其中大部分并没有土地使用权和房权证等,因此当城市更新而需要拆迁时,就碰到不少的难题。根据胡志明市政府 35 号决议第 8 条规定,以上所述的对象就不能按照目前法律来正常进行补偿、安置,而需要按照"具体情况"一个一个来解决,更让拆迁补偿安置工作进展缓慢的同时,发生许多"意外"。

4. 在政策落实中容易发生群体性纠纷和暴力对抗事件

拥有土地使用权和房屋所有权的人在被补偿、安置后,总有人对目前的相关规定(主要是补偿标准)不满,要求拆迁人提高补偿总额;还有不少被拆迁人将拆迁看成致富机会,趁机漫天要价和无理取闹。没有土地使用权和房屋所有权的人(简称"两无"),也不甘心空手而走,因为根据目前胡志明市的"特殊

---

① 因历史、文化、习惯等因素,越南各大城市里,"房"字等于"家"字,而其功能不仅仅是住宅,"家"作为商店还用来经营、营业等,所以胡志明市房子有"房—商""店屋"(shophouse)之称。

规定","两无"的人只能获得金额很少的"补贴""补助"而不是真正的"补偿",不能满足其要求。这种种情况都导致群体性纠纷和暴力对抗事件频发。

(三) 被拆迁人对于拆迁补偿安置现有政策的评价

在拆迁补偿安置过程中,被拆迁人是相关利益主体之一。从被拆迁人的角度来看,城市房屋拆迁中被拆迁人扮演最大的"牺牲者"与"重要人物"的双重角色。所谓"牺牲者",是因为被拆迁人所拥有的土地使用权、房屋所有权,一旦被拆迁就会改变甚至消失:土地被收回或征收,房屋被拆除的同时可能搬迁到另外的地方;除此之外,被拆迁人还可能丢失了"无形权利":生活环境、文化纽带、信仰场所等。所谓"重要人物",是因为在城市房屋拆迁过程中,被拆迁人有权保护自己的财产(土地、土地上附属物等),被拆迁人是否同意搬迁是决定拆迁项目是否成功的重要因素之一。根据法律规定,被拆迁人还可以拒绝拆迁补偿协议,可以向政府机构、法院等有关部门要求复议、提出起诉等。这样看来,被拆迁人似乎处于强势地位,但实际上,大部分被拆迁人在拆迁过程中处于弱势地位:缺乏谈判能力、不懂得相关的法律、地位不平等、其合法的利益容易被侵害等。因此,拆迁补偿的相关政策应该保护被拆迁人的合法利益。

对于被拆迁人来说,地方政府和拆迁管理有关部门采取哪些法律法规的什么条例条款来制定拆迁协议,他们确实不知情或不需要知道(严格来说被拆迁人想了解也不是容易的事情),只要他们觉得这样的补偿安置方案的范围、价格等因素合格、合理、值得就知足了。但是,被拆迁人采取这种"感性的理性"方式来判断补偿安置价值的时候,往往会引发拆迁工作中不平衡、不合理、不公平的现象。目前在胡志明市市区,许多拆迁项目存在"挂项目"或"推迟项目"的现象[①],补偿安置工作不能顺利地进行,各方的利益主体

---

① 在胡志明市,所谓"挂项目"指拆迁项目已经被地方政府批准了,但实际上没有进行收回土地的活动。有的项目一直"挂"了很多年。在"挂"的期间,被拆迁对象不能申请房屋再造、新建等,只能等待政府和拆迁部门进行拆迁,但等到什么时候谁也说不准。另外所谓"推迟项目"也有类似的情况。有的拆迁项目往往推迟、延长很长时间,让被拆迁对象内心不安、进退两难。

不能达成一致。胡志明市已经有了这么多拆迁补偿安置的相关政策,政策的规定也很清楚细致,在政策实施、落实的时候为什么仍然遇到不少的问题?地方政府不能贯彻落实其拆迁政策,是拆迁部门"不听话"还是被拆迁人"不合作"?要了解这些问题,我们向受访的被拆迁人提问:"您对现有拆迁补偿安置的相关政策的评论是什么?"其答案有"很完善""较完善""不完善"与"难说"4个选项,受访情况如表3-3所示。

表3-3 被拆迁人对胡志明市现有拆迁补偿安置相关政策的评价　　　单位:%

评价\区域	1区	5区	新平区	鹅贡区	平正县	荣门县	平均
很完善	19.8	20.8	11.0	16.0	7.3	24.5	16.5
较完善	46.5	41.5	24.0	27.2	12.0	37.2	31.4
不完善	26.0	27.8	20.8	33.2	76.2	30.3	35.7
难说	7.8	10.0	44.2	23.5	4.5	8.0	16.3

在表3-3中,35.7%的受访者认为目前胡志明市拆迁补偿安置政策"不完善"。所谓"不完善"并不等于目前胡志明市拆迁补偿安置政策"不对""不正确",关键问题在于政策落实过程中,补偿价格评价不一致、安置方案马虎等。对此受访者黄先生坦言:"对于补偿安置相关政策什么的我不太了解,但我个人觉得拆迁补偿实现过程中不太公平,例如被拆迁的房屋面积测量问题、补偿价格定价等都是拆迁人员说了算的。"①

与此同时,可发现不同区县的人对现有政策评估并不同。平正县被拆迁人认为目前相关政策"不完善"的最多(76.2%),而荣门县被拆迁人认为"很完善"的最多(24.5%),然后就是5区(20.8%)和1区(19.8%)。笔者认为其评估存在区别不是没有理由的。荣门县原来是一个农业地区,在城市化过程中,越南新农村政策在胡志明市的落实主要在于该县,因此胡志明市政府对其落实拆迁补偿政策很重视,特别是狠抓监察工作。"做一步就好一

---

① 本书深入访谈资料(DBGT03)。

步"成为该县拆迁补偿安置口号,老百姓真真切切地感受到了好处,所以觉得政策"很完善"。5区、1区是胡志明市市中心,居民的文化水平、法律理解水平等都较高,关键的是因这两个区代表胡志明市的"脸面",任何拆迁项目都不能马虎地进行,而是要十分慎重地落实,所以这两区被拆迁人较多地认为政策"很完善"。离胡志明市市中心较远的平正县、鹅贡区,拆迁补偿安置项目进行过程中可能法律宣传不到位、被拆迁人的法律意识水平不高等因素更为明显。虽然目前并没有证据显示,被拆迁人的"居住区县"变量与"对相关政策评价"变量是有线性相关的①,但我们有理由相信,被拆迁人自身的许多因素对于其对相关政策的评价也有较大影响。

此外,有50.7%的受访者认为目前地方政府的拆迁补偿安置相关政策与实际"不符合";39.2%的受访者虽然在拆迁补偿安置当中不太满意,但觉得现有政策与实际"基本符合";仅有9.1%的受访者认为相关政策"很符合";其余为其他选项②。被拆迁人为何如此"悲观"呢?胡志明市拆迁补偿安置相关政策中,有不少只用来实施一个项目的针对性政策,为什么还有那么多人觉得与实际"不符合"呢?这是因为目前胡志明市相关政策对拆迁各方责任和角色并没有明确的规定,因此,在政策落实过程中缺乏同步性、一贯性,同一个城市有时拆补偿安置政策像"一城两制"似的。在本书调查范围内可以肯定的是,哪里的地方政府与拆迁有关部门对拆迁补偿安置政策的制定和落实认真、严肃、公平、公正,为了被拆迁人利益着想,把公共利益放在前面,老百姓利益至上,哪里的被拆迁人感觉政策"符合"实际、"完善"的就较多。

为了更深入地了解上述问题,笔者在问卷调查中设置了"目前拆迁政策存在的主要问题的评价"一项③,结果表明被拆迁人认为目前胡志明市拆迁补偿安置相关政策存在"安置不合理""补偿标准低""拆迁行为不规范""政府行政行为公开透明度不够""对弱势群体照顾措施不周""拆迁政策不统

---

① χ^2检验 Sig = 0.000,请参见本书附录三表FL5.3。
② 请参见本书附录三表FL5.1。
③ 该项目是多选题。

一"等各种问题。其中,受访者认为目前拆迁存在的最大问题是"政府行政行为公开透明度不够"(72.1%),觉得"拆迁行为不规范"的占66.2%,认为"补偿标准低"的占57.8%。对此,男女受访者的回答有较大区别[1]。认为目前拆迁补偿政策存在问题是"政府行政行为公开透明度不够""行为不规范""安置不合理""对弱势群体照顾措施不周",男性选择的比例高于女性;而女性认为"补偿标准低"和"拆迁政策不统一"的比例高于男性[2]。既然男女受访者对拆迁补偿安置相关政策存在的主要问题的认定不一样,而且两者之间对问题认定的区别具有统计学上的意义,那么,看待此问题是否有性别特征的因素,女性是否最在乎"补偿标准",而"透明度"属于男性最关心的因素?换言之,"性别"变量与"目前拆迁补偿安置相关政策存在的主要问题"变量是否相关?

调查数据结果还表明,不同的年龄对拆迁补偿安置相关政策的认定也是不同的。比如,认为目前胡志明市的拆迁补偿安置政策存在的主要问题是"政府行政行为公开透明度不够"的人,其中40岁以下的年龄组为66.8%,41—55岁的年龄组为70.3%,而56岁以上的年龄组为83.6%[3]。可见,对于拆迁补偿安置相关政策的认识还受到"年龄"变量影响(年龄作为自变量)。

此外笔者还想要看"居住"变量对该问题的影响,调查数据如表3-4所示。

从表3-4中不难看到,胡志明市的不同区县对目前相关政策的评价在每个评估项目都有较大区别。尤其是"政府行政行为公开透明度不够",平正县99.8%的受访者认为存在此问题,而1区受访者认为存在此问题的仅有50.5%。调查数据表明,把胡志明市1区定位为胡志明市中心,那么离中心越远的区域对现有拆迁政策评价越"悲观"。那么,"居住"变量与"目前拆迁政策存在的主要问题"变量是否存在相关?在这里我们不急于下结论,但

---

[1] 请参见本书附录三表FL5.4。
[2] 请参见本书附录三表FL5.6,χ^2检验 Sig = 0.000。
[3] 请参见本书附录三表FL5.7,χ^2检验 Sig = 0.000。

表3-4 被拆迁人对胡志明市目前拆迁补偿安置政策存在问题的认识 单位：%

区域 对目前相关政策存在问题的评价	1区	5区	新平区	鹅贡区	平正县	籴门县	平均
安置不合理	32.4	27.8	28.6	28.4	34.5	27.1	29.9
补偿标准低	61.8	57.2	57.0	55.4	51.4	56.5	56.2
拆迁行为不规范	48.7	53.7	69.8	73.2	85.2	65.0	67.2
政府行政行为公开透明度不够	50.5	60.5	79.5	73.7	99.8	66.5	73.4
对弱势群体照顾措施不周	36.1	40.8	31.0	39.4	51.7	44.4	41.6
拆迁政策不统一	22.1	39.7	17.1	16.2	11.0	19.9	20.3
其他	19.2	14.4	11.5	12.1	3.7	10.6	11.2

至少我们有理由再一次认定，光有一套好的政策仍显不足，政策在落实过程中才能检验出来其是否完善。同一个政府（胡志明市政府）、同一套政策（胡志明市拆迁补偿安置相关政策），在实施过程中何以评价完全不同呢？关键是否在于政策"软件"[①]的"不完善""不健全""不合理"而不是政策"硬件"本身？

调查数据还表明，31.4%的受访者认为在拆迁过程中政府部门"拆迁宣传不到位"，30.8%认为"拆迁政策前后不一致"，20.3%认为"拆迁执行缺乏人性化"，还有17.5%认为是"其他"问题[②]。因此我们要再一次强调，好政策更需要好落实，必须严抓落实。

---

① 笔者认为每套政策应有"硬件"与"软件"两部分。所谓"硬件"是政策的书面呈现（规定、制裁等），"软件"是政策落实中的条件（执行政策的人员本身、政策认识、政策监管部门态度等因素）。
② 请参见本书附录三表FL5.8。

三、拆迁补偿安置对被拆迁人的影响

(一) 对生活方式的影响

拆迁不仅仅是转换住宅位置的问题(从某个地方转到另外一个地方,不管是就地安置还是异地安置,被拆迁人总是要搬家的),在本质上,它使个人(和其家庭、群体)的所有方面(尤其是生活方式)被搅乱并使之在一个新的环境下再构筑一种新的生活方式。"拆迁"一词包括"拆"和"迁"两个部分。"拆"不但是"建筑物"(包括房屋)之拆,而且包括"社会网络""社区共同体""社会关系"等"看不见"的因素之拆;"迁"不仅是人的"机械移动",而且更重要的是人的生活习惯、生活方式、精神文化等非物质因素的"有机移动"。因此,"拆迁"完整的意义应该包括物质的拆迁和非物质的拆迁。但关键问题在于,从理论角度来说,"物质"可以拆迁、容易补偿、不难安置,而"非物质"则难于同样操作。在与胡志明市的领导干部访谈过程中,笔者发现其中的不少人确实对"非物质"的拆迁不太留心,尽管他们承认拆迁安置不仅是城市规划、城市经济和城市改造所需要的,而且还是改变社会、文化、生活方式等方面所不可缺少的。

在研究过程中笔者发现,从非物质因素来说,拆迁安置活动不但中断、打乱了原来的社区、共同体、社会网络,而且使得原来的文化结构、社会关系(包括亲属关系、邻居关系、宗教信仰关系、买卖关系等)"骨折"了。观察胡志明市的情况,因拆迁而转换工作的人占受访者总数的21.7%,因拆迁而收入方面受影响的占受访者总数的50.6%;此外,因拆迁而导致亲属关系紧张和对安置区新邻居关系不满的比例分别为24.0%、23.1%。可见,拆迁对被迁移居民生活方式的影响是比较明显的。一位刚搬来安置区3个月的居民说道:"在这里(指安置区——笔者注)连一个熟悉的人也没有,人家也不认识你啊。开一家小卖部也没人来买,因为大家都不认识啊,原来地方都是熟人嘛,都是老顾客来边买一点东西边聊天啊。"[①]

---

① 本书深入访谈资料(DBGT08)。

不少拆迁项目把原本历史比较悠久的社区"碎片化"了,中断了社区原有的社会网络,因此给被拆迁居民(特别是老年人、自由职业者、做小买卖的人)带来许多麻烦和不便。在考察中笔者发现,"新来"的被拆迁群体与"老住户"的群体之间由于不同的生活方式、宗教信仰等因素而常常发生争吵、冲突甚至互相殴打。有关部门应更深刻考虑拆迁补偿安置所引发的各种社会问题,在法律层面也应慎重考虑到拆迁的非物质因素,其中包括被拆迁人的生活方式方面。

近些年来胡志明市市中心如1区、3区、5区在城市更新、城市改造方面的需求量比较大,但由于安置专用的土地、资金有限,很多项目不能选择"原地安置"方式而只能采用转到较远(大于1千米外)区域如新平区、鹅贡区、荣门县、平正县的"异地安置"方式。这些地方像安置区的"袋子"似的容纳了胡志明市大部分的安置项目,而且没有注意到人口密度分布。因此,导致若干区县人口突然增加,且人口结构并不平衡,使得人口管理、居民就业、社会治安等十分困难,产生了不少新的社会问题,不仅影响到本地的日常生活,同时也对搬迁进来的居民本身造成压力。有鉴于此,笔者认为,拆迁安置工作应当考虑到经济利益和社会利益的利弊平衡,安置工作不仅仅只是给搬迁户一个新居住的地方,更重要的是帮助他们早日恢复原来的日常生活并给予他们发展的机会与途径。

(二) 对工作方面的影响

在我们的调查样本中,被调查者的职业分别为:"行政机关"(33.7%),"事业单位"(30.8%),"企业"(13.9%),"自由职业"(14.5%),"下岗、失业"(3.6%)与"其他"(3.6%)[①]。被拆迁人拆迁前与拆迁后的工作情况的变化,如表3-5所示。

从表3-5的数据来看,被调查者的工作情况显示有较大变化,拆迁前"有一份稳定的工作"占总数的66.9%,但拆迁后相应的数据仅为31.2%;拆

---

① 请参见本书附录三表FL6.5。

表 3-5 被拆迁人的不同性别在拆迁前后的工作情况

时间	工作情况	男		女		总 计	
		人数	比例	人数	比例	人数	比例
拆迁前	有一份稳定的工作	1 078	66.5%	758	67.2%	1 836	66.9%
	有工作但不稳定	452	27.9%	305	27.0%	757	27.5%
	没有工作	92	5.7%	65	5.8%	157	5.7%
拆迁后	有一份稳定的工作	536	33.0%	332	29.4%	868	31.2%
	有工作但不稳定	879	54.2%	642	56.9%	1 521	55.6%
	没有工作	207	12.8%	154	13.7%	361	13.0%

迁前"没有工作"的人占总数的 5.7%,而拆迁后就增加了 7.3 个百分点,达到 13.0%。让人不禁产生疑问:拆迁为何对居民的工作产生如此巨大的影响? 表 3-5 的数据还表明,女性因拆迁所受影响比男性大,拆迁后女性"没有工作"的比例比男性的高,而且拆迁后女性工作情况变迁幅度比男性的更大。

根据胡志明市经济学院对拆迁后的安置工作情况的调查报告,截至 2012 年 8 月,被拆迁人安置后的工作情况为:"有一份稳定的工作"的人占 37.8%,"工作不稳定"的人占 15.8%,"没有工作"的人占 23.2%,"还在学习"的人占 18.3%,"其他"占 4.9%;37.7%的人认为转到安置区之后工作没有以前好,10.0%的人认为目前工作情况"比以前好",52.3%的人表示"没有什么变化"[①]。这些数据再一次表明拆迁安置活动对被拆迁人工作有直接影响。将近一半的被拆迁人认为自己的工作受影响,笔者认为主要是与他们的职业有关。2005—2012 年间,胡志明市已经和正在实施的拆迁项目中,70%属于棚户区、贫民窟、"老鼠窝式房"[②]的城市改造工程,如饶禄—氏义运河(Kênh Nhiêu Lộc-Thị Nghè)改造项目,豆腐渠道(Kênh Tàu Hủ)、义安渠道(Bến Nghé)、双道渠道(Kênh Đôi)、磃渠道(Kênh Tẻ)的改善水环

---

① 数据来源:胡志明市经济学院调查报告[EB/OL].[2012-05-03]. http://www.hids.hochiminhcity.gov.vn/web/guest/home.
② 研究城市拆迁问题的越南学者用"老鼠窝"来形容城市里面简陋、自行搭建、低于标准的住房(简陋的小屋),尤其是城市里运河两岸的房子。由于历史原因,胡志明市的"老鼠窝"式的房子比较多,请参见本书附录四图 3。

境项目。在贫民窟改造过程中,被拆迁人大多数从事自由职业和做小买卖,因此搬移到安置区就会使原来的"职业"大受影响。实际上据我们观察,胡志明市若干安置区(不管是内城还是郊区),从某些方面来说只是居住的地方,并不能确保被拆迁人的工作。某被拆迁人(2 区平征东安置区地段 G)说:"我家搬移到这已经 5 年了,在这里找不到工作,许多人回到原来的地方(5 区)找工作或转到 8 区高鲁路谋生,但也没稳定下来,因为那里也即将进行拆迁了。"[①]可见,对于在行政机关和事业单位工作的人来说,转换住宅(本市范围内)对其工作并没有太大影响,可是对于自由职业者和做小买卖的人来说,搬移到安置区对其工作确实会造成难题。

在考察胡志明市的若干安置区如首德区的协平正安置区、鹅贡区的河桥安置区、6 区的陶瓷炉安置区、新平区的平兴和安置区、6 区的平富安置区、新福区的黄文政安置区等时,被拆迁人都说到工作受影响的情况。问卷中"安置前后的工作方面受影响程度的评价"调查结果令人惊讶,29.9%的受访者认为"前后都没有任何困难",认为"安置前有困难"的占 8.0%,54.1%的人表示"安置后有困难",8.2%的人认为"前后都遇到一样的困难"[②]。因此,不少家庭不得不选择把安置区的房子卖出去,再找到一个有工作机会的地方来"再安置",造成拆迁—补偿—安置—拆迁的恶性循环。对于类似问题,目前越南政府和胡志明市政府还没有明确规定如何解决,因为其属于"安置后"的问题。但笔者认为,这问题并不是"安置后"的问题,而是土地征收和房屋拆迁过程环链中的组成部分。坦白地说,越南政府和胡志明市政府在拆迁补偿安置的相关政策(尤其是近年来的政策)已作出若干相关规定,例如越南 197 号法令第 28 条关于"被征收土地居民的稳定生活、生产的补贴",第 29 条关于"被征收土地与房屋拆迁居民的转换工作和创业机会的补助",该条规定还指出"对于创业机会的补助主要形式为给被拆迁人职业的培训而不是现金补贴"。可是,问题的关键在于,在落实过程中地方政府和开发商不愿意花钱、花功夫给被拆迁人提供

---

① 本书深入访谈资料(DBGT04)。
② 请参见本书附录三表 FL7.1。

职业培训及就业机会。土地已经被征收了,房屋已经被拆迁了,工作已经受到影响了,法律上也已经有相关的规定了,但事实上百姓没有享受到政策优惠,因为法律上虽然有相关的规定但没有监督性、约束性,只笼统规定了"根据当地的情况,由省市及人民政府主席委员会决定"(197号法令第32条)。考察胡志明市政府对被拆迁人的就业方面的依法补贴补助工作,笔者发现胡志明市政府对于该问题已有自己的解决办法:为了给被拆迁人更多的就业机会以减少因拆迁导致的失业问题,成立了"职业培训和就业机会基金"(简称156基金)①。但在与156基金管理人员访谈后,笔者才知道,此基金只能存活3年时间,在访谈的时候该基金已是有名无实了,因为基金已没有钱了②。

胡志明市其他法规中也有相关的拆迁补偿政策,比如35号决议第31条关于"因拆迁而工作停止的补偿"规定:"某个与某个企业、单位已经签好劳动合同的工人(根据越南《劳动法》第27条第1款a、b点相关规定),当国家征收上面所说的企业土地使用权而导致该企业解散或停产,劳动者应当收到停业的补偿,补偿标准按照《劳动法》第62条第3款来实施。"35号决议第33条关于"生活稳定和生产稳定的补贴"规定:"当国家对于个人、户、家庭式生产的征收全部其土地导致生产经营停止应给予补贴。"这样的规定意味着自由职业者、一般的工人、小买卖户很难拿到所谓"工作停止"的补偿、补贴,因为他们在一般情况下没有"劳动合同"和"商业注册"。因此,这部分被拆迁群体在搬迁安置过程中遇到的困难更多。

不同地区的被拆迁人对就业和转换工作的补贴政策、对定向工作和就业教育的政策的满意度调查数据如表3-6所示。从表3-6看到,仅有1.2%的受访者对就业和转换工作的补贴政策"非常满意","完全不满意"的

---

① 该基金成立于2006年10月,由开发商方从自己的利润中缴纳一部分资金,同时该基金的管理者邀请个人、组织、NGO(非政府组织)、国际组织等贡献一部分资金。该基金服务于因搬迁而导致工作方面受影响(转换工作、失业等)的被拆迁人,为其提供职业技术培训、创业就业机会和提高文化水平等活动,其最终目的是给予被拆迁人稳定的生活。
② 据156基金的委员会负责人介绍,截至2008年3月,该基金已经为9 200人次解决贷款。但根据最近的数据,在胡志明市范围内现有49 000被拆迁户,约有10 000人因搬迁导致其工作受到影响而需要找、换工作,156基金确实解决不了其需求。

表 3-6 不同地区的被拆迁人对就业和转换工作的补贴政策、
对定向工作和就业教育政策的满意度 单位：%

项　目	满意度	1区	5区	新平区	鹅贡区	平正县	荣门县	平均
对就业和转换工作的补贴政策	非常满意	3.0	0.5	1.2	1.2	0.9	0.2	1.2
	满意	17.2	0.8	3.8	3.8	4.3	8.5	6.4
	不太满意	19.0	39.2	27.5	35.8	41.9	28.0	31.9
	完全不满意	60.8	59.5	67.5	59.2	52.9	63.3	60.5
对定向工作和就业教育的政策	非常满意	26.8	0.5	0.0	0.0	0.7	6.6	5.8
	满意	25.8	0.8	3.8	5.8	4.0	14.1	9.1
	不太满意	29.5	42.2	79.5	74.0	56.7	57.2	56.5
	完全不满意	18.0	56.5	16.8	20.2	38.6	22.1	28.7

人达到 60.5%。还有对定向工作和就业教育政策"不太满意"的人占 56.5%，28.7% 的人则为"完全不满意"。可见胡志明市的被拆迁人对拆迁补偿安置政策有诸多不满。公平地说，近些年来胡志明市相关的拆迁政策越来越完善，政策已经接近市民的利益诉求，被拆迁人的正当、基本利益已经被法律保护。但是，如上文所分析的，许多地方的管理人员并不按照相关规定来落实政策，甚至作弊、挪用补偿金等致使良好的政策偏离了其最初的目的。

此外，在土地征收和房屋拆迁过程中，有关部门并没有对被拆迁人的生活状况、工作、就业等方面进行考察、调查、统计活动，未能合理地进行补偿补贴，而对就业转换工作相关政策的宣传不到位、不广泛等也导致一部分被拆迁居民不了解、不理解其中的利益所在。

因此，被拆迁人的工作培训、工作转换、就业教育等问题属于拆迁有关部门、投资者、开发商、各级政府以及被拆迁人本身的责任，关键是在政策落实中加强监督工作以避免"说一套做一套"和"上有政策下有对策"的弊端。近些年来，虽然胡志明市针对被拆迁人工作受影响的情况制定了一系列措施（例如 156 基金），但从某种角度来说这些并不是长远的策略，有时还会出现"心有余而力不足"的情况。比如，要给被拆迁人提供职业培训，就必须有培训场所，而且给被拆迁人提供职业培训应该从其本身需要出发而不是由管理部门意志施压而来的，但考察胡志明市市区我们发现，不少地方成立所谓的"职业培训中心"来给被拆迁人提供职业培训，经过一段时间就关门大吉了，因为没有人来学习。

现在看来，胡志明市政府的拆迁政策中的相关规定不利于弱势群体，因此对任何拆迁项目都应该严格规定，在拆迁之前、拆迁当中、拆迁之后都必须进行社会调查，以便掌握当前被拆迁人的就业实况，然后按照年龄、需求、愿望、工作状况等因素来分别制定相应的措施。比如，对于已经有职业技能的群体，可以马上介绍其工作（可以跟本地的工业园、各种企业协商）；对于20—30岁的失业人员，就通过给他们补助（包括减免职业培训费、职业辅导费等）来解决就业问题；对于年龄比较大的（30岁以上）或者不想上职业辅导班的群体，当地政府应该与当地政策性银行①给他们提供贷款来创业（如做小买卖、开小饭店等）；对于老人（60岁以上）群体，如果搬迁确实影响到其工作则直接给他们相当于"养老金"的费用；等等。这种分组、分类别的做法，可以从根本上解决被拆迁人的工作受影响的问题，避免"房屋征收等于工作征收"的负面现象。

对于被拆迁人来说，"看得见""可衡量"的主要影响就是其家庭收入方面。根据我们的调查数据，49.6%受访者认为"因拆迁而收入下降"，76.0%的人表示"因拆迁而支出提高"②。许多研究表明，对于弱势群体和低收入人群来说，拆迁过程会影响到其收入。按理来说，拆迁补偿是获得收入的重要来源，因为不管什么情况被拆迁人往往会获得一笔相当可观的补偿金，但是实际上，突然拿到一大笔钱的穷人常常会大手大脚地花钱，原来还有一所简陋的房子，最后却无家可归。根据胡志明市有关部门的数据统计，46.1%的贫穷家庭拆迁后比拆迁前的收入下降。在胡志明市的城市棚户区改造项目

---

① 在越南，政策性银行网络比较普遍，在胡志明市范围内每个区都有政策性银行。
② 请参见本书附录三表FL7.2。

中,该现象并不罕见①。许多学者指出,拥有较高学历、较高职业技术的人,拆迁过程中对其收入方面的影响比学历低、职业技术低的人更小②。

根据笔者观察,胡志明市的拆迁补偿安置有关政策及其落实,从被拆迁人的工作就业问题角度来看,虽然法律法规上也有相关的规定,但实际上显示出不少的社会问题,比如若干有关政策的"寿命"短暂、缺乏灵活性,实施过程中存在不严格、不规范等现象。为了提高拆迁补偿安置工作的质量,逐步完善政策不足的地方,避免因拆迁导致被拆迁人的工作、收入等受到负面影响,在政策方面和落实方面应当注意如下几点:

(1) 拆迁补偿安置政策应该对被拆迁人的就业方面制定更详细的规定,尤其因房屋征收导致工作就业方面受影响的对象,更应该有相关的规定给予适当照顾。政府和有关部门对被拆迁人的生活、就业等方面的管理、治理是必要任务。法律上应明确,处理好被征收土地房屋而当前工作受到影响的人的问题是政府各级、各部门的责任。

(2) 目前越南政府和胡志明市政府对被拆迁人的就业问题的补贴主要靠"货币化"政策,但现实中这一根本目标不能完成。对于被拆迁人的就业和工作的问题,政府应该与投资者和开发商作出"约束性"的规定;政府对于故意作假、故意拖延、滥用权利谋利的行为应作出严格规定来处理。

(3) 土地征收、房屋拆迁的职业培训若干补贴补助政策应该公开、透明,在拆迁之前应该调查了解被拆迁人的工作就业状况,了解被拆迁人对自己当前工作就业的愿望,由此才能制定相应的解决方案。某项目若是没有良好的解决被拆迁人就业问题的措施,就取消其拆迁项目资格。换言之,法律应该迫使当地政府、投资者、开发商、有关管理部门在拆迁项目进行之前作出就业计划、就业培训计划、转换工作计划等,否则不允许进行拆迁。人们应该知道的是,解决就业问题不仅仅是暂时解决被拆迁人的工作问题、经

---

① 正因为如此,胡志明市政府对于贫穷的人和弱势群体,拆迁补偿金不会一次性给而是分成几个部分来给被拆迁人,其目的是通过拆迁来提高被拆迁人的生活水平,增加其发展的机会。
② 阮光荣. 城市改造过程中的社会问题:减少对于弱势群体的伤害[J]. 越南社会学杂志,2011(1).

济问题,更重要的是满足居民、社区、社会的长远利益要求。

(4) 相关劳动、工作、就业的政策不应该是"千篇一律"、公式化的而必须具有灵活性、创造性、地方性。要做到这一点,首先应该放权,允许基层政府和基层有关部门来实施。例如,多样化、社会化的职业培养方式,开发商和投资者对被拆迁人的就业问题应承担一定责任,如参与投入胡志明市"156基金"。

(5) 在拆迁之前应该向被拆迁人展开宣传工作,让被拆迁人理解其相关的权利和义务,尤其是拆迁政策中对被拆迁人的工作、就业方面的补贴、补助的规定,以及如果发生不公平现象时被拆迁人的投诉举报途径等。

(三) 对住宅方面的影响

在拆迁补偿安置过程中,被拆迁人不仅仅在工作、职业、收入等方面受影响,在住宅方面也受到影响。与中国的"安居乐业"类似,越南也有一句老话"有安居才乐业",就是说住处对每个人来说是非常重要的。上文已经提到,对越南人来说房子不仅是居住的地方,而且具有"家"的功能:做生意做买卖、文化延续、祭祀、肯定社会地位等。因此拆迁就意味着"家"的一些功能可以"迁移",但一些功能就永远失去了。在这里我们先了解拆迁过程中对被拆迁人的住宅方面的影响。在我们的调查中,大部分被拆迁人(63.8%)认为目前安置区住房条件比以前好,26.8%回答"不变",认为"比以前差"的人占9.3%,仅有0.3%回答"不知道"。其中拥有KT3、KT4户口的人对此评估显示更乐观,但KT5户口的人(没有本地户口也没有暂时居住证的人)认为当前住宅条件比以前好的比例仅有42.9%[1]。这意味着户口情况在这里扮演着"控制变量"的角色。

根据笔者的实际观察,近些年来在胡志明市范围内,安置区的基建配套越来越完善,其质量越来越高,安置模式越来越多样化,越来越有利于被拆迁人,补偿方式也趋于多样化,让被拆迁人有更多选择。但是仍然有一部分

---

[1] 请参见本书附录三表FL7.3。

被拆迁人觉得当前安置区居住条件比以前差,而"差"的原因不仅仅是建筑工程质量不高,还在于"不符合"自己的生活方式,同时还产生不少的费用负担。因此不少被拆迁人把当前的安置区房子卖出去,再找到适合自己家庭的地方来"安置",正如有位受访者所说:"走了很多啊,大部分转到这里一段时间就把房子卖出去了……因为这里活不了了,居住条件虽然比以前好得多但不适合我们的生活方式,这里的房间连放一个祭祀桌都放不进去,我家可能过一段时间也打算搬家了。"[①]另一位受访者则告诉我们:"跟您说心里话,我全家人省吃俭用很长一段时间才盖了一间房,那不仅是我们的家并且是我们的纪念、祭祀的地方。前一段时间因为城市改造把我家拆迁掉了,我们很心疼,但为了国家的大事,所以我们同意搬迁。搬到这里虽然居住条件也可以,但心里总觉得空落落的,总觉得没有一个真正的'家'。"[②]

我们在调查中发现,不少被拆迁人因"恋旧"而想方设法把安置区房子卖掉而到原来的(或者原来附近的)地方买房居住,这样使他们有"没有失去原来味道"的感觉。对于访谈问题"您对拆迁工作以及相关法律规定的建议如何",一位受访者这样说道:"我没有什么建议和意见,只希望有关部门在拆迁的过程中能够尽可能地不影响到我们的日常生活和工作,同时安置区不应该转到那么远的地方,这样的话对我们的原来的工作、生活等方面都十分不方便。"[③]所谓"日常生活"不仅是包括"衣食住行",还包括"无形的价值",如邻里关系、社会关系、精神文化等。这就给予研究者一个重要的启示:在城市改造、更新过程中拆迁项目虽不可避免,但如果不必要就尽可能减少拆迁;如果不得不拆迁就应该优先"原地安置",这样可使被拆迁人减少失去"无形价值"的感觉,拆迁过程中对被拆迁人的"损害感"也能减少。

为了减少因拆迁导致的对百姓住宅的影响,在拆迁项目的前期工作(包括调查被拆迁人、拆迁项目周围居民因拆迁导致住宅方面的不方便以及其对安置住宅的要求等)中应加强宣传工作,把百姓的住宅方面的考虑和要求

[①] 本书深入访谈资料(DBGT10)。
[②] 本书深入访谈资料(DBGT03)。
[③] 本书深入访谈资料(DBGT02)。

作为拆迁安置工作的组成部分;拆迁项目后期工作中,有关部门应该再一次入户调查,进行拆迁摸底,了解被拆迁人家庭情况及要求,尤其是住宅方面的要求。

(四) 对出行方面的影响

如上文所述,在胡志明市,不少安置区离拆迁项目的原地比较远(异地安置方式)①,这给被拆迁人的交通出行带来不便。交通是安置区基建的组成部分,其已经成为拆迁安置活动中影响被拆迁人的因素之一。进一步来说,安置区内部、外部的交通是决定被拆迁人生活方式、生活质量的因素之一。我们在调查中发现,53.3%的受访者认为安置之后自身和家人遇到交通方面的困难;当问到目前安置区的交通方面与原来相比如何时,50.4%的受访者认为"比以前好",28.5%的受访者认为"不变",认为"比以前差"的占20.2%,还有0.9%回答"不知道"。胡志明市出行主要靠私人交通工具②,之所以安置区的交通情况是被拆迁人在搬迁前应考虑的问题,是因为对于他们来说,交通与其工作、就业、生意等方面密切相关。调查显示,被拆迁人在选择安置方式时,经常考虑以下两点:第一,安置区内部的交通情况如何,是否影响到自己的日常生活。据了解,胡志明市不少安置区因赶时间、资金不足等因素,安置区内部的交通工程实施不到位,有的安置区几乎没有交通网络,让已经搬进去住的被拆迁人不得不想方设法把房卖出去。第二,安置区外部交通情况如何(如上下班、孩子上学等方不方便)。有的人在转到安置区之后因交通因素而转换工作甚至放弃原来的工作:"在这里找一份新工作很难的,但是干原来的工作的话就不方便,不方便就是交通不方便。每次上下班都差不多两个小时,回到家里就晚上9点了。转到该安置点之后我的家庭好像全部都乱了:孙子上下学接送困难,孩子上下班

---

① 例如新化—陶瓷炉拆迁安置项目的安置区离原地8千米左右。
② 目前胡志明市没有地铁交通系统,公共汽车服务十分不足,市民主要靠自己的摩托车上下班。根据统计数据,截至2011年6月,胡志明市有约600万辆摩托车、近50万辆汽车,90%的市民使用私人交通工具出行。请参见本书附录四图5、图6、图7。

不容易,我本人想买几个菜也要花1个小时。"①由此可见拆迁安置对被拆迁人的交通方面的影响。可能是胡志明市的交通十分拥堵,造成市民在交通方面具有一种"恐堵症",转到安置区之后"恐堵症"就更严重了。另外,上文已经提到,胡志明市近些年来拆迁安置项目主要是异地安置方式,安置区主要集中在若干有"闲地"的区县(离城市中心较远),导致"吸收"安置区的区县交通拥堵状况十分严重,而城市中心也因钟摆式的交通因素造成交通并不通畅且越发糟糕。可以说,近些年来胡志明市的交通问题是拆迁安置工作过程中的规划不妥当、不科学、不平衡等而造成的。进一步说,城市交通规划(包括安置区内外交通规划)和土地利用之间存在紧密关系,因此,通过拆迁安置的工作来考虑城市的交通方面并不是没有科学根据的。

在调查中笔者得知,大部分被拆迁人不愿意转到安置区居住(房屋调换的补偿安置方式)而很喜欢选择"土地换现金"的补偿安置方式,然后自行"安置",其中就有交通方面的原因。根据胡志明市2区人民委员会主席黎仲创提供的数据,在该区守添新区的拆迁项目中有8000户居民被搬迁,其中90%以上的居民选择"土地换现金"的补偿安置方式。他指出,其原因很多,但应该承认的是,安置区离原来住处的位置较远会影响百姓的工作、学习、医疗等方面。典型的例子是该区的升美丽安置区,它有794套房,但现有600套房没有人愿意搬进来住。他强调:"安置区相较于被拆迁居民原来的居住点更为偏远,导致被拆迁居民的谋生机会被中断的可能性更大,也导致其生活质量下降。这就引发了不少的社会问题,百姓对拆迁、政府的信心也下降了。我这些年对此十分头疼。"②

总之,对于被拆迁人来说,住房(质量、功能等)和工作(是否影响到本人和家人的工作、上下班交通顺利与否等)是其考虑是否搬到安置区的重要因素,如果搬迁到安置区之后会影响其住房和工作就倾向于选择"自己安置"

---

① 本书深入访谈资料(DBGT03)。
② 本书深入访谈资料(LDGH05)。

的方式。所以在建设安置区的时候,有关部门应该考虑到被拆迁人的交通问题和安置区内外的交通因素,避免城市交通拥堵越来越严重,不能达到拆迁安置的最终目的。这需要有关部门做大量细致的工作,不但规划应有一定的超前性,应与系统、周边大环境相配套,还需要考虑安置区的安全等方面的问题。

(五) 对学习方面的影响

我们在调查中发现,转到安置区的被拆迁人首先担忧的就是自己子女的上学问题。越南的户籍制度很严格,要根据户口而就学,因此对于"异地安置"的居民来说孩子按户口就学成为大问题。第一,胡志明市大部分安置区内没有学校(甚至连幼儿园都没有),导致被拆迁人的小孩就近入学很困难。第二,在一般情况下搬迁到安置区应该迁户口,但迁户口的流程十分费时费力,甚至要花钱(要办得快的话就得花钱了),有的安置区所在的派出所不愿意给被拆迁人"户籍迁移证",解决问题就更难了。没有本区户口的人只能把自己孩子送到原来的地方上学。调查发现只有10.8%的被拆迁人的孩子就近入学,这是一个令人心寒的数据,其不仅意味着被拆迁人子女入学难的问题,更重要的是反映了被拆迁人融入新的社区、新的地方很困难。

调查数据表明,23.2%的受访者认为当前安置区在"子女上学方面"比以前好,42.1%的受访者认为"不变",认为"比以前差"的占28.9%,5.8%为"不知道"。实事求是地说,胡志明市也有不少的安置区基建和配套很完善,孩子就近入学方面并不成问题。例如一位原地安置居民表示:"我们家拆迁后比原来更方便,以前这段马路又窄又脏经常发生交通事故,环境很差,拆迁后我们搬到这里安静又干净,孩子们上学又方便不怕交通事故,因为我们家现在离学校更近一点。"①而子女上学方面"比以前差",所谓"差"就包括就近入学困难的问题。3.3%的受访者认为被拆迁之前孩子就近入学有困难,

---

① 本书深入访谈资料(DGGT07)。

但拆迁之后该比例达到28.6%。这数据再一次说明,拆迁过程对被拆迁人的子女就学确实产生了影响。有的受访者说:"我们几个孩子都送到以前的学校上学,虽然远一点但我们放心,为什么呢?还是原来的学校好,跟老同学、老教师、老学校学习就更好。这里附近没有那边好。另外我孩子都已经高中了,等过几年就上大学了,那时候他们想去哪就去哪,放心多了。"①也有的受访者说:"我家转到这里之后,我7岁的小孩入学成为一家的'挂心事',送到原来地方上学的话路上太远又不安全,想在附近学校上学的话又碰到户口问题。说实话我们现在对于办理子女转学手续属于进退两难了。"②前者担心的是附近学校的质量、孩子学习环境等问题,而后者则对子女转学的手续发愁和担忧。在调查过程当中我们发现,许多搬迁户已经迁入新区很久了,但子女转学手续仍然"卡壳",有的家长禁不住地叹息:"没想到,转个学怎么那么难啊!"

近年来,胡志明市动拆迁重大项目对于旧城、贫民窟、棚户区改造的过程中,一大批居民不得不离开了原住址,搬迁到异地暂住、安置,但有的一"暂"就"住"了10年时间,有的处于无时间限制的"过渡",其孩子的就学问题就成了他们的难心事。每到学校开学之际,很多被拆迁人一方面因孩子上不了学而着急,另一方面又为昂贵的借读费而犯愁。对于异地安置的居民来说,让子女入学、转学等也不是容易的事情:回原校上学,上下学路程远;就近上学,担忧教学质量、办手续难等。因此,许多被拆迁人家长表示,希望地方政府在动拆迁中应该考虑到被拆迁人子女就学问题,尽快解决被拆迁人孩子上学难的问题。笔者认为,为了做到这一点,不仅要口头呼吁,更重要的是,在拆迁补偿安置的相关政策中应有严格制度规定,政策落实中也应有严格的监督才能解决被拆迁人孩子上学难、上学贵、上学不方便等问题。具体来说,应做好以下几点:

(1) 在拆迁补偿安置相关政策中明确规定动迁基地配套的学校建设,同时及时构筑起配套学校的好师资,这样不仅让被拆迁人子女能有学上、能

---

① 本书深入访谈资料(DBGT04)。
② 本书深入访谈资料(DBGT03)。

就近入学,还让他们享受优质的教育资源,最终达到被拆迁人"安居"、孩子们"乐学"的目的。

(2) 法律上应对搬迁居民孩子转学问题做细致的规定,减小因拆迁对孩子学籍方面造成的影响。实际上越来越多的居民"舍小家为大家"从胡志明市区搬往郊区,其孩子上学问题是这些家庭关心的头等大事之一,因此政府应该为解决"转学难"的问题作出合理可行的规定,避免家长为孩子转学事宜而到处奔波,更避免家长在办理转学手续时被有关部门刁难而对地方政府和政府有关部门失去信心。

(3) 对于特殊的搬迁居民(弱势群体),如果因搬迁而致其子女上学难、上学贵,不能就近入学,孩子有辍学可能等,补偿安置相关政策中应该包含向其增加补贴补助的政策,避免因拆迁对其窘境雪上加霜。根据胡志明市有关部门的不完全统计,2005—2012年间胡志明市区因拆迁而导致搬迁居民子女辍学的比例占全市辍学数量的40%[①]。可见被拆迁人中的弱势群体子女上学问题已相当严重。

(六) 对医疗方面的影响

现阶段在胡志明市,户口管理制度仍然发挥重要作用,入学、就业、就医等都要按照户口来分配和制定规划。如果某个人搬迁到安置区居住后但还没迁户口到此安置区就不能就医看病了,而应该回到原来的户口所在地就医看病。为了深入了解被拆迁人因拆迁导致看病难、看病贵的问题是否属实,在访谈中我们追问被拆迁人才知道,有的居民本来(拆迁前)已经遇到看病难、看病贵的问题了,尤其是没有本市户口的居民(包括 KT3、KT4 的居民)、老年人、儿童等,搬迁后,看病难问题不仅没有解决而且就近看病难又成为新问题了。据笔者所了解,在安置区内部连一个卫生站也没有,更谈不上一个医院了。换句话说,搬迁之后居民就医(尤其是就近看病)确实十分困难,调查数据如表 3-7 所示。

---

① 黎文成. 被拆迁群体的经济社会生活:实况、问题及对策[J]. 越南社会学杂志,2006(7).

表 3-7　不同性别被拆迁人对就近看病问题的评价

项　　目	男		女		总　计	
	人数	比例	人数	比例	人数	比例
搬迁前后都没有困难	998	61.5%	765	67.8%	1 763	64.7%
搬迁前有困难	86	5.3%	136	12.1%	222	8.7%
搬迁后有困难	500	30.8%	191	16.9%	691	23.8%
搬迁前后都有困难	38	2.3%	36	3.2%	74	2.8%

在对胡志明市安平安置点补偿安置委员会一位负责人的采访中,笔者问道:"安置点建筑设计的时候,你们作为拆迁补偿安置的管理部门,有没有想到搬迁居民怎么就医的问题?"该负责人坦言:"虽然我们负责安置区的项目规划和建筑设计方案,但是最后的决定权并不属于我们,因此我们常常会心有余而力不足,有时建筑设计是一套但实施的是另一套。"①这样说来,有关部门对被拆迁人就医难问题并不是不知情,而是因为某种理由把被拆迁人就医的正当权利给"拆"了。一位被拆迁人对我们说:"说实话,搬迁到这里之前我们还有顾虑,我老公是有心脏病的人,所以什么时候都要考虑他的事情,如果病发时来不及抢救就没命了,可因为大家都同意搬迁我们家也不得不同意搬迁。搬到这儿后我就觉得后悔了:我上班的路程比以前远得多,我孩子上下学接送也不方便,我老公前几天差一点就没命了,就是因为附近没有医院来急救,只能送到 5 公里外的医院,路上又堵车。我现在就在想办法但还没想到,怎么办!"②当然,看病难、看病贵并不是完全由于动拆迁而导致的,但安置区医疗条件无法满足被拆迁人需求也是不争的事实。其主要根源在于拆迁补偿安置政策缺乏相关规定,有关部门、投资者、开发商因各自利益而漠视本应重视的被拆迁人医疗问题。显然,要解决这一问题还有很长的路要走。

---

① 本书深入访谈资料(GLTP04)。
② 本书深入访谈资料(DBGT13)。

(七) 对社会关系和精神文化的影响

如果说拆迁补偿安置的内涵由"硬件"与"软件"两部分组成,那么其中"软件"就是被拆迁人的社会关系和精神文化。但在拆迁补偿安置过程中,有关部门往往只会注意到"硬件"而不会或者不需要注意到"软件"方面。胡志明市安置区基础设施建设就主要是满足被拆迁人单一的"住房"需求①,对于精神文化方面的关注可以说是"空白"的,甚至很多时候,拆迁还导致百姓悠久的精神文化价值消失了。理论上说,拆迁活动总是改变了被拆迁人的物理性生存空间,而这一改变过程中被拆迁人精神文化层面也随之发生了"转化"。换言之,转换住宅不仅是居住位置的转移,与此同时也改变了家庭文化、社区文化等精神价值系统。

实际上,在拆迁补偿安置中,无论是从政策方面还是从实施落实方面都不能给予被拆迁人文化精神价值层面上的"补偿",比如不能因为某个人失去了某些回忆而给补偿金等。但是,应能做到安置区基建配套有公共娱乐场所、信徒行礼场所(教堂、寺庙等)之类的精神文化基础设施。

众所周知,精神文化是居民、社区和城市的一种软实力。缺乏这种软实力会影响到城市社会经济文化的发展。正如一位被拆迁人所说,"我们这里谈不上精神文化什么的,每天上下班之后就累死了,打开电视机看一会儿,然后就去睡觉了。再说,这里都是四处转过来的陌生人,连谈话的机会也没有。以前大家都很熟,过节过年的时候都聚在一起过,现在小区开会时就碰一碰,会后就散了"②,在城市里人与人、社区与社区之间的关系本来就是"冷漠"的,但在动拆迁安置的过程中如果政府和有关部门忽略了被拆迁人的精神文化方面,那么所谓的"冷漠"就更"冷"了。因此,拆迁补偿安置工作不该仅考虑经济方面,还应该考虑到政治、文化等非物质方面。

要推进一个城市或者一个社区的全面发展,当然应该把其政治、社会、文化、经济等各方面全方位发展纳入其中,每个方面都扮演自己的独特角

---

① 在走访中我们发现,当前胡志明市安置区也不能完全满足百姓的住房需求,因为安置区住房位置、质量、配套等仍存在不少问题。
② 本书深入访谈资料(DBGT07)。

色,并且是不可或缺的、需要同步发展的,否则,城市就不能实现真正的现代化和城市化,拆迁安置工作也不例外。拆迁安置工作不仅仅是帮助被拆迁人重建家园、提高生活水平,更重要的是,给予其精神文化可延续、发展的机会。就以被拆迁人的宗教信仰为例。老百姓的宗教信仰是其精神文化重要的一部分,在胡志明市拥有宗教信仰的市民数量非常大,仅在本书调查范围内拥有宗教信仰的人(1 233 人)占调查总数(2 750 人)的 44.8%,其中佛教徒占 39.0%、天主教徒占 4.4%,认为拆迁之后实行宗教信仰方面"不满意"的占 62.8%。"不满意"的原因主要是安置区内及其附近没有宗教场所(寺庙、教堂等)。在这里笔者想说明一下,在胡志明市因历史、文化等原因,宗教成为敏感的问题,因此在访谈中不少拥有宗教信仰的被拆迁人不愿意说出其真实情况,但他们在谈话的过程中表现出来其对安置区的宗教基础设施建设十分不满意。比如对天主教信徒来说,在一般情况下每周日都必须去教堂做弥撒,但安置区附近没有教堂,给他们造成了麻烦。当然,不可能在每一个安置区都建教堂、寺庙等宗教场所,但被拆迁人在宗教信仰方面的需求也给地方政府与拆迁安置有关部门一个启示——在拆迁补偿安置工作中要将文化因素放在前面,要关注被拆迁人的精神文化,确保其精神文化生活丰富多彩而不是枯燥无味。得到精神文化方面的满足体现了被拆迁人的切身利益,同时也是其正当的权利,被拆迁人有权利享受与延续自己的精神文化,这也符合胡志明市政府提出的"让市民物质富裕精神富有"的最终目标。

第四章
被拆迁人对拆迁补偿安置政策及其落实的评价

第一节　拆迁补偿安置项目的典型案例

到目前为止胡志明市较为重大的拆迁补偿安置项目有饶禄—氏义运河（Kênh Nhiêu Lộc-Thị Nghè）改造项目，豆腐渠道（Kênh Tàu Hủ）、义安渠道（Bến Nghé）、双道渠道（Kênh Đôi）、碲渠道（Kênh Tẻ）的改善水环境项目，新化—陶瓷炉（Tân Hóa-Lò Gốm）地域城市改造项目，胡志明市东西大路（Đại lộ Đông Tây）建设项目，胡志明市守添新城区（Khu Đô thị mới Thủ Thiêm）项目，胡志明市全市升级改造项目，但其中最早、最典型的就是新化—陶瓷炉地域城市改造项目。因此，在研究过程中笔者对此项目做了深入了解，以期通过该项目，进一步理解胡志明市拆迁补偿安置工作的历史过程与其相关法律。

该项目全名为"胡志明市新化—陶瓷炉地域城市的改造与卫生环境的改善项目"（简称415项目），是比利时与越南于1997年合作签署的。它分成两阶段，对应两个不同的目标。第一阶段（1998—2001年）：收集项目影响范围内的社会经济数据并进行分析，该阶段的宗旨是，提高被拆迁人在拆迁补偿安置过程中的参与能力。第二阶段（2002—2010年）：继续实施第一阶段,集中展开移民、补偿、安置工作,提高被拆迁人的生活水平,加强改善安置点和原地段的卫生环境。可以说,415项目是当时胡志明市区最大的拆迁补偿安置项目,胡志明市政府意图把该项目做好以成为日后城市更新、改造,特别是拆迁补偿安置工作的好榜样与典型工程。

(一) 项目地盘

该项目的影响范围比较大(如图4-1所示),约有20平方千米,包括新

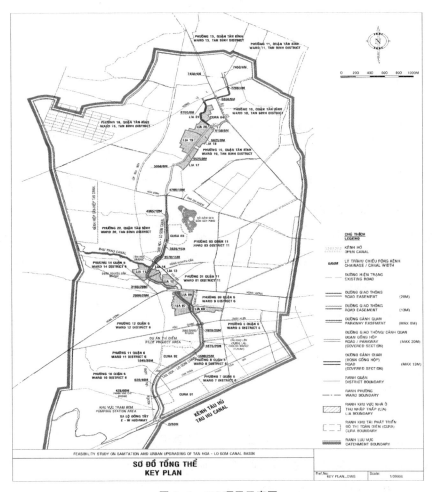

图4-1 415项目示意图

资料来源:胡志明市415项目管理委员会

化—陶瓷炉运河流域以及黑渠道（Kênh Đen），分为两个主要区域：其一是较高的地区，包括该运河的上流，属于胡志明市的11区、平新区、新富区；其二为其下流，属于胡志明市的6区。受该项目影响的民众约为90万人。

新化—陶瓷炉运河本身长约7 600米，加上与其他运河交接的河段，共有12 000米长。这些河段往往没有水，其主要功能就是作为一个"垃圾桶"和污水容器，因为周围有排水沟系统，所以没有造成自然环境的严重污染。沿着该运河的河边有许多贫民窟、棚户区。由于历史原因，胡志明市当时迎来了巨大的从北部转到南部的移民潮流[①]。

越南在1993年之前（1993年《土地法》还未出台前），移民居民可以选择其认为合适的地方定居下来。那时土地买卖、出让很混乱，因此该运河两岸布满危棚简屋，甚至还有在河上擅自搭建的住房，如图4-2所示。

图4-2 新化—陶瓷炉运河两岸被居民占用来建筑住房（拆迁之前）

415项目最终目标是为了促进项目影响范围内的经济、社会、环境的改善和发展。特别棘手的是，在该项目范围内，居民主要是低收入、低文化人群和自由职业者，社会弊端问题如卖淫、犯罪团伙作乱、买卖毒品等频繁发生，而且基础设施建设严重不足，居民住宅条件十分简陋（主要是危棚简屋、环境污染严重），很多居民没有土地使用权也没有胡志明市的户口。因此，

---

① 从历史角度来看，越南国内巨大的移民潮现象（从北部移民到南部，主要是移民到胡志明市）分成两阶段：第一阶段是1954—1975年，第二阶段是1976—1990年。所以1980—1990年，北部移民到胡志明市的一大部分人选择新化—陶瓷炉运河沿岸来定居。

安置问题是本项目的重要环节之一。

(二) 项目目标

(1) 通过项目进行局部和总体的城市规划;把危棚简屋地区变成现代小区;提高居民的居住条件和生活条件。

(2) 通过项目把新化—陶瓷炉地区城市改造和规划成为文明、现代的新城区。

(3) 提高居民的生活水平、文化水平;逐渐减少该地区的环境污染;通过拆迁补偿安置工作,安置和重新安置居民,让大部分居民通过拆迁补偿安置活动得到新住宅、新环境,脱贫致富。

(三) 对补偿安置的规定

(1) 把一部分居民安置到低层公寓,主要采取原地安置和就近安置的方式。

(2) 把一部分居民搬移到平新区(离原来的地方约8 000米,属于异地安置的方式)。

(3) 自由安置的方式(给被拆迁居民补偿金让他们自己安置)。

在这里笔者想说明的是,越南各省或城市直辖区的立法工作应当遵守中央的总规定,换句话说,在中央规定的框架下,地方政府可以把政府相关法规细化,胡志明市并不是例外。但是,当年该地区的居民具有特殊性:主要从越南北部移民过来,大部分没有土地使用权(主要是占用国有土地),房屋和其他建筑大部分不合法。这意味着,拆迁补偿安置工作也非常困难。在该项目第一阶段(1998—2001年),胡志明市并没有任何关于拆迁补偿安置的"自有政策",当时任何拆迁补偿安置项目的法律依据都仅仅是越南1993年《土地法》以及越南22号法令。根据22号法令第6条关于"土地征收获得补偿的条件"规定,"国家土地征收并给予补偿的必须有下列条件之一:① 具有国有土地使用权的合法证书;② 具有国家土地主管机构给予土地分配、土地租住的相关证书;③ 具有土地使用权转让的相关法律证书;

④ 具有土地清算、出售的相关文件,国家住房买卖所有权或国家住房分配的决定或相关证书;⑤ 具有人民法院解决房屋与土地上附属物争端的生效判决;⑥ 对于没有上面1、2、3、4、5款所规定的条件的,被征收土地的人如果具有相关的文件、材料、证书来证明其土地和土地上附属物的本人从1993年10月15日之前已经在原地稳定居住和土地使用的也可以获得相应补偿"。22号法令第7条还规定,"国有土地征收时,不符合本规定第6条条件的或房屋建筑违反城市规划、非法占用土地的人,就不给予任何补偿。在认为必须要补助的情况下,地方人民政府对于特定的每个人(户)进行审议并作出相关决定"。22号法令第16条第3点关于"对土地上附属财产的补偿规定"提出,"对于如本法令第7条所规定的非法占用土地的人,其附属财产可以获得补贴或补助。补贴或补助的具体标准是由地方人民政府作出决定的"。

由于大部分受该项目影响的人并不在22号法令规定范围内,如果依法执行,拆迁补偿安置恐怕就很难实现了。因此,当时的胡志明市政府向中央政府请求针对该项目制定特别的拆迁补偿安置条款:废止22号法令第7、16条的规定,胡志明市政府可以按照具体情况给予被拆迁人适当的补偿。

在这样特殊的情况下,胡志明市政府作出了专用于该项目的"特殊性的拆迁补偿规定",其内容如下:

(1) 受项目影响的居民应当享有收到补偿、补贴、补助的权利。个人、户、私人企业、国有企业可以通过以下途径来证明其获得补偿资格:土地使用权、房屋所有权证书、户籍登录相关文件、房屋和开具证明土地税收的发票。此外,还有特殊途径:通过小区居民开会、听证来确定某人在该项目进行之前已经在本地居住,同时项目有关管理部门有责任来调查被拆迁人是否受此项目影响:① 被拆迁人的土地受到长期或暂时的影响;② 被拆迁人的房屋、建筑物、树木与其他财产受到的影响;③ 被拆迁人的生产、业务受到的影响;④ 因拆迁导致收入下降等。

(2) 在项目确定与被批准之后,任何人转到该项目范围内居住和生活并不享有任何的补偿安置的权利,以 1998 年 4 月 21 日(成立该项目督导委员会的日子)来作为时间节点。也就是说从 1998 年 4 月 21 日之后转到本项目范围内居住、生活、经营等就不能享受任何补偿的权利。

根据该项目的拆迁补偿安置的特殊规定,受到该项目影响的所有人都享有选择补偿安置方案的权利,具体包括:获得补偿金额、补贴、补助的权利;选择安置方案的权利;受到该项目的经济、社会支持的权利。该项目遵守国际组织(WB、ADP)的规定,所以安置移民应符合国际对非自愿移民的相关规定。

(四) 安置的方案

因为该项目情况特殊,当时地方政府与项目有关部门也为其制定了特殊的补偿安置方案,可以说,该项目的补偿安置工作不论成功或失败,都为胡志明市以后的拆迁补偿安置工作提供了经验和启示。在该项目中,除了获得补偿金额,被拆迁人可以根据自己的经济条件、生活方式等选择符合自己的安置方案。该项目提供给被拆迁人 3 种安置方案:"土地换土地""土地换高楼公寓"和"土地换现金"①。

1."土地换土地"

被拆迁人可以在项目安置区选择一块土地(根据原来的土地面积等情况来确定)用来建造住房。该安置区的基础设施建设配套已完善(按照本市总体规划),安置区位置也考虑到为被拆迁人提供就业机会的最大可能性因素(安置区靠近永禄 A 工业区)。此外,安置区内即将建起一个市场,也可给被拆迁人提供就业机会。

项目管理部门规定,被征收土地的人,如土地被征收较多(面积较大),就可以向项目管理部门申请多买几块土地,让他们以后可以把多余的土地转让给别人,以此来解决其经济方面的问题和改善生活条件。根据当时胡志明市的规定,可买的一块地最小的面积为 40 平方米,最大的

---

① 目前胡志明市 35 号决议针对安置方案也有类似的 3 种选择。可以说,当时(1998 年)该项目作出了"突发性"的安置创新。

为120平方米。如果同一块用地被许多人选择购买,就用抽签方式来决定归属。

2."土地换高楼公寓"

被拆迁人可以拿补偿金来买安置区的公寓住房,每套房面积在80平方米以下,根据被拆迁户的人口来分配①。选择这种安置方式的人,在搬迁过程中可以获得费用补贴,减免住房相关手续(所有权认证、注册等)和其他费用。对较困难的居民,可延迟缴纳土地使用税等。此规定在当时来看,可以说是具有积极性、创新性甚至是突破性的。

3."土地换现金"

有的人因为各种各样的理由,不会或不可能选择前两种补偿安置方式,那么就可以选择"土地换现金"的方式。选择这种方式的人主要是因为补偿金额少于安置点住房的价格,其原来的土地没有合法使用权,其职业种类与高楼公寓居住不相适应等,只能"拿钱走"自己寻找适合的安置方式。在该项目中,选择"土地换现金"方式的人不太受地方政府与项目管理部门"欢迎"。因为在一般情况下,他们拿钱之后就只有选择那些还没规划或准备拆迁的地方以及农业用地等来自行"安置"。这样的行为不仅违法、违反城市总规划,更会造成"拆迁的恶性循环":被拆迁→搬迁→自寻安置点→被拆迁,甚至形成"拆二代"的现象②。

(五) 移民安置工作

该项目把安置工作作为项目的重点。比如,被拆迁人除了获得土地补偿、土地上附属物补偿,还可以贷款建房或享有分期付款的权利。此外,该项目还有优惠的补贴计划,被拆迁人可以获得该项目"社会经济的补贴计

---

① 这种补偿安置方式后来被胡志明市政府和越南政府借用,后来越南拆补偿安置的法律也有相似的规定。不少拆迁补偿项目中也实施这种补偿安置方式,与中国"按人头补偿"的补偿方式相似。

② 这些现象至今仍然存在并且不断发生。在胡志明市,"拆二代""拆三代"等现象不仅造成对被拆迁人的损害,同时也对该市的社会经济、社会治安、社会稳定等方面产生影响。因此,越南政府也开始关注该社会事实并正在修改2003年《土地法》和相关法律。

划"的优惠,具体包括:搬迁对就业、工作影响的补贴;因搬迁而失去工作的补贴;拆迁时产生的搬迁费用的补贴;维持被拆迁人社会经济生活稳定的补贴;奖金(奖励按期搬迁的被拆迁居民)。此外,补偿总额最低的人群还能获得"优惠补助金",帮助他们可以买到项目安置公寓住房,以避免该群体"自行安置"。

在安置方案方面,在搬迁前被拆迁人可以向有关部门提交本人安置的想法与选择适合的安置方案,包括提出安置住房的面积、房屋结构和功能,安置区的基建要求,以及选择与经济负担能力相对应的付款方式,安置后的相关要求等。

在拆迁补偿安置的过程中,被拆迁人除了获得物质上的补偿外应还能获得精神方面的补偿,尤其是提高社区、被拆迁人的能力,所以社区建设,包括提高社区意识、保障被拆迁人参与权利是该项目的重要战略之一。被拆迁人的参与范围和形式有以下几个方面:① 信息化过程:通知、听证、咨询、取证、收集数据;② 与项目有关的活动中,参与成为一种利益主体,也成为一种职能,包含谈判、协商和解决冲突;③ 被拆迁人的主动参与:互相动员、互相运动、赋权。

为了实施上述被拆迁人的权利,在进行拆迁之前,被拆迁人应当获得拆迁补偿安置相关规定的完整信息,拆迁人与被拆迁人交换、反馈信息,被拆迁人给出意见和建议,然后进行补偿安置的协商。据调查所知,搬迁之后被拆迁人要转到异地安置,新安置区的所有行政手续(如用电用水、就医看病、小孩入学等)已经有明确的规定,因此,被拆迁人不了解该项目相关规定是很罕见的。

在该项目中被拆迁人可参与到建筑自己的家园的行动中,并拥有做出决定的权利。比如,在图 4-3 我们看到,现有的安置区规划中的"小学学校",本来的规划是一个市场。但通过与被拆迁人的讨论,在听取他们的建议后,项目管理委员会作出现在的决定。

可以说,在拆迁补偿安置工作中,给被拆迁人"赋权"、让其"参与"是"最高级别",同时也是很复杂、很困难的问题。况且,当时胡志明市的拆迁补偿

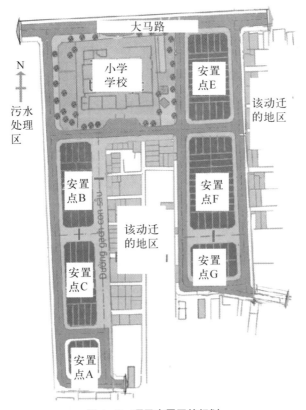

图 4-3 项目安置区的规划

安置仍属于"新生事物"。因此,该项目的实践对胡志明市拆迁补偿安置工作来说具有典型性。

(六) 安置后的工作

除了上述所说的补偿安置政策,对于已经搬迁到新安置区的居民,该项目还有"社会经济的补助计划",其具体内容包括:加强安置区社区共同体的关系,加强被拆迁人之间的团结;成立安置区社区的自管部门;对被拆迁人进行职业培训,并为其提供就业机会;如果被拆迁人有需要的话(用以经营、做生意等)可以向项目管理委员会贷款;被拆迁人可进行集体储蓄信贷;建房贷款;支持被拆迁人办理行政手续(办理房屋所有证、户口登记等)。该计划的目的在于,让因搬迁而或多或少受到各个方面影响的被搬迁人能够适应新环境。因此,该计划加强了被拆迁人的适应能力,让被拆迁人转移到安置区之后不仅仅是进入社区而是成为一个"共同体"。毫无疑问,这是该项目的独特亮点,而重视安置后的工作,也是该项目与其他拆迁补偿安置项目的重要区别之一。

其中,值得一提的是项目管理委员会提出的"职业培训和就业机会的计划",被拆迁人若有需要就可以参与短期职业培训课程(如服务员、理发师、修车等)。在调查中笔者发现,该计划并没有如预期一样成功,登记参与计划的人寥寥无几,主要原因包括:安置点距离学习地点距离较远(大概8 000米);贫穷群体想直接得到收入——越快有工资越好(能立即拿钱的职业如瓦工、装卸工等),而不想经过时间较长的学习过程,要花一段时间来学习而其间没有收入,还要承担交通费等,并且职业培训后不一定能找到适合的工作,这对于贫穷群体来说是得不偿失的。

可见,相关政策在落实中并不是那么容易和顺利地进行的,实际中总会有各种因素导致"好政策不好使"的情况出现。

(七) 该项目存在的问题

如图4-4所示,该项目的安置区属于胡志明市平新区平兴和A区域(本来是荷花池,原先此地段基本上没有基建),根据该项目管理委员会提供的数据,至2009年9月安置区的基建基本完成,项目截至2010年结束,但到笔者观察的时候(2012年)安置区的基建仍然没有完善,甚至看上去很混乱的样子。居民区的小巷、胡同道路也没完全建好(如图4-5所示),给居民的交通带来不便,甚至下雨时积水淤积导致地面泥泞。追踪了解后,我们得知其主要原因是项目经费有限不能完成原来的计划,以致继续完善基建的意愿与其实际能力出现了脱节。

关于居住条件,大部分被拆迁人认为安置区的居住条件比较好,比原地更安全、干净。根据笔者观察,安置区的小区居住规划基本上是整齐、漂亮的,卫生环境良好(如图4-6所示)。安置区基建的配套虽然还有不足的地

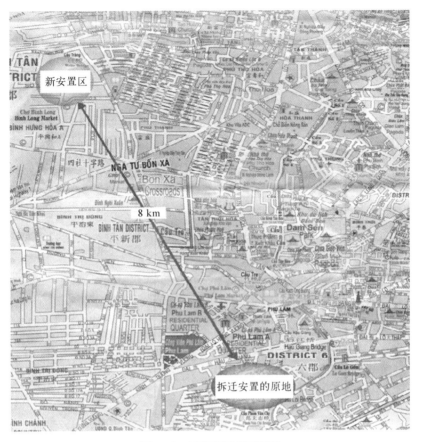

图4-4 415项目的新安置区

图4-5 安置区部分未建成道路的状况

图 4-6　安置区的内部街道、居民住宅和环境(2012 年 4 月)

方,但基本上能满足被拆迁人的要求,特别是公共生活空间是该安置区首创的。在安置区有两种房屋:一种由本项目建成转给被拆迁人,另一种是由被拆迁人自己盖的。有一些人抱怨前者房屋质量差,而并没有人对后者房屋质量问题有任何抱怨。但对自己建房的人来说,因有建房贷款所以有心理压力:"刚刚搬到这儿的前几年,因分期付款造成压力,很紧张。我家原来并没有债款,但因搬移而导致还债问题,我感到很头疼。"①

关于被拆迁人因拆迁收入受影响方面,我们发现一部分被拆迁人因拆迁而导致个人和家庭收入受到十分严重的影响,尤其是做小买卖和从事自由职业的人群。比如,阮氏心原来拥有自己的美甲店,搬移到安置区后她也开了跟原来一样的店,但没过多久因没有顾客不得不关门,她坦言:"我本来是理发师和美容师,但转到这里就不能干了。我们的孩子上中学 3 年级,但因为生活困难不得不退学。在 6 区我开了美甲店生意很好,而这里的大部分人不习惯做美甲而且没钱。想回到原来的地方也很难。"②黄纸很的生活也难以为继:"在这里(安置区)开个小卖部也很难,空下来也没有找到合适的活干。原来我做小买卖,搬到这里就什么都不能做了。说实话,转到这里只能靠补偿金过下去而已。"③还有一部分被拆迁人因安置区离原地较远影

---

① 本书深入访谈资料(DBGT08)。
② 本书深入访谈资料(DBGT04)。
③ 本书深入访谈资料(DBGT06)。

响到工作,进而影响到收入。比如杜氏凤说:"我以前在一个编织企业当工人,搬迁到这里后因上班路程很远而不干了。"而对于国有企业、国家机关人员来说,拆迁并不影响其工作:"没有变化,只不过是上班的路较远,我家所有成员都是公务员嘛,生活也一般,收入上没什么变化。我看那边的人家肯定困难,他们原来的居住条件可能没有现在好,但那时买卖东西容易赚钱,现在呢,就不行了。"①

根据该项目管理委员会的调查数据,因拆迁导致一部分被拆迁人的收入下降是个事实,尤其是转到安置区 5 年以上的群体中有不少人觉得其收入越来越下降,因此想回到原地找工作,如图 4-7 所示。

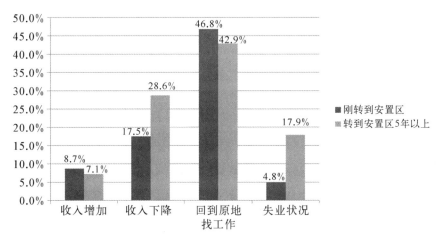

图 4-7 因搬迁而影响收入状况统计

总体来说,该项目是胡志明市拆迁补偿安置的典型案例,长处与短处、成功与失败是并存的。1998 年该项目开始运行时胡志明市对拆迁补偿安置问题还处在"摸石头过河"的状态。那时胡志明市在实施拆迁补偿时的法律依据仅仅是越南中央 22 号法令,该市并没有任何相关法律规定,至 2002 年胡志明市才出台关于"胡志明市房屋与用地的加强改组和管理措施"的指令(08 号指令)。2010 年胡志明市 35 号决议出台之后,从拆迁补偿安置法律法规领域看来,胡志明市从"摸着石头过河"转到了"架桥过河",在

---

① 本书深入访谈资料(DBGT10)。

这一过程中,该项目以其经验教训提供了良好的"架桥木材",尤其是其安置补偿方案、安置后的工作等更是为后来者提供了启示。

第二节 对拆迁补偿安置政策落实程度的评价

目前越南中央政府与胡志明市政府对应拆迁补偿安置的相关政策确实很多,但政策与政策落实是两回事,一套好的政策落实不到位,那么政策效果也不可能好,也就是说,实际衡量政策本身好坏的是政策落实的效果。因此,笔者意图了解被拆迁人如何评价若干相关的拆迁政策具体条款的落实程度。

越南政府197号法令第35条第3款和胡志明市政府35号决议第49条第1款都明确规定"对于政策家庭①、早搬迁的户、原来居住位置比较好的户,政府需要对其加大补偿力度"。每个拆迁项目中,拆迁有关部门都希望被征收土地居民搬迁越早越好,希望早些把"干净土地"交给开发商,被征收土地居民也想早些搬移到安置区以便尽快安居乐业。但实际上,早搬迁的人不一定能获得相应的优惠,反而比故意延迟搬迁的人吃亏得多,"钉子户"或"最牛的钉子户"反而能获得更多的优惠和补偿款,安置位置也更好。这种现象明明违反法律规定但实际上并不罕见,原因就在于政策实施过程出了问题。对此被拆迁人如何评价呢?调查数据结果如表4-1所示。

在胡志明市范围内,截至目前绝大多数拆迁项目依据的是胡志明市35号决议,因为该决议基本上规定并保证了被征收土地居民的义务和权利。然而,在被拆迁人的眼中,该决议的若干条款并没有得到彻底的实施。从表4-1数据来看,"优先补偿政策"在落实过程中被严重违反:52.4%的受访者认为该相关条款落实度在50%以上,26.4%的受访者认为落

---

① "政策家庭"是指越南革命有功的群体(包括伤病兵、革命烈士、越南英雄的母亲等)。

表 4-1　不同性别的被拆迁人对政策落实的评价

法律规定	落实情况	性别				总计	
		男		女			
		人数	比例	人数	比例	人数	比例
对胡志明市35号决议第49条第1款落实的评价	已落实100%	299	18.4%	271	24.0%	570	21.2%
	已落实50%以上	828	51.0%	606	53.7%	1 434	52.4%
	已落实50%以下	495	30.5%	251	22.3%	746	26.4%
对越南政府197号法令第35条第3款落实的评价	已落实100%	272	16.8%	258	22.9%	530	19.9%
	已落实50%以上	952	58.7%	705	62.5%	1 657	60.6%
	已落实50%以下	398	24.5%	165	14.6%	563	19.6%

实度在50%以下，而且，在不同的性别、居住区县、年龄组变量下有不同的认定[①]。胡志明市市中心(1区)中的评价往往比其他被调查的区县乐观，如图4-8所示。

其实，政策落实程度到底如何，被拆迁人并不是十分清楚，只不过是通过自己作为局中人的"经验"来判断而已。图4-8已经反映出胡志明市的拆迁政策落实中的一小部分情况，但这"小部分"反映了"大问题"：政策落实不到位。"优先政策"和"前后原则"是越南拆迁政策中的核心原则，一方面是为了保障被拆迁人（特别是弱势群体、守法群体）公平利益的原则，为被拆迁人利益着想，另一方面是体现在社会主义制度下的政策优越性。然而在政策落实过程中许多时候、许多地方行为是相反的。例如，提早搬走、准时执行拆迁协议、按照补偿安置规定"乖乖"地实行的人等反倒不会获得"优先政策"的任何利益，拖延、不执行协议者却能获得更多的补偿金和更优惠的安置政策。又如，不少家庭在安置前居住于有利于做小买卖、开店、发展家庭经济的好位置，按理说在"优先政策"下其应该获得安置区的类似位置以便继续发展原来的生意，维持其生活方式与收入水平，但拆迁安置工作人员把他们放在一个很难继续发展老生意的地方，因此导致收入下降、失业等

---

① 请参见本书附录三表FL6.1、表6.2。

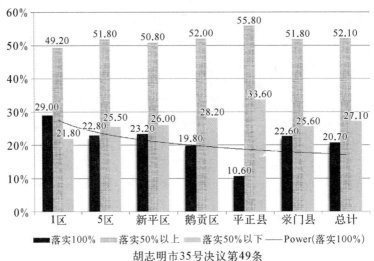

胡志明市35号决议第49条

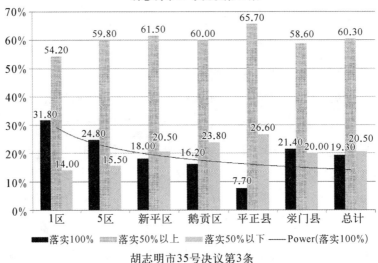

胡志明市35号决议第3条

图4-8 被拆迁人对政策落实的评价

社会问题。诸如此类的"不像话"的拆迁补偿安置方法,正是导致不满、争议、抗拆、上访等事件的原因之一,同时,其也是拆迁项目被拖延、停止甚至被取消的原因,更重要的是,引发被拆迁人对政府不满、失去信心。因此表4-1中有78.8%(52.4%＋26.4%)和80.2%(60.6%＋19.6%)被拆迁人认为胡志明市拆迁补偿安置的"优先政策"和"前后原则"的落实不到位不是偶然的事情。

众所周知,制定一套拆迁政策就是为了让它在一定的时间和空间内得以贯彻执行,同时只有在实施中才能检验该政策正确与否、质量高低等。任何政策都不会在出台之际便尽善尽美,只能在贯彻执行过程中不断完善和发展。对拆迁补偿安置活动而言,历史的经验教训和现实的情况都说明,受到政策直接影响的老百姓的评价是检验、考验政策的重要参考之一。政策落实、实施不是简单的"用"政策,而是政策本身找到自己的"归宿",在政策归宿中,许多因素围绕着、影响着政策本身,例如人的因素(尤其是领导干部)、利益因素(各方利益主体)、文化习惯因素等。因此,胡志明市的被拆迁人对该市拆迁政策的评价是判断该市相关政策好坏的一部分依据,但不能仅凭上文几个数据就对目前全部的相关政策下结论。笔者还需通过了解被拆迁人对拆迁具体内容和活动的评价,更深入了解胡志明市的拆迁活动。

第三节 对安置区规划政策及配套基建的满意度

一、对安置区总规划工作的满意度

由于历史、文化、风俗习惯等因素,胡志明市在一个较长的时期(1945—1975年)[①]中属于"自发式"的发展。因此,刚来胡志明市的游客形容该市是一个正在施工的大工地,到处都有建设工程、拆迁项目,到处都可以听到老百姓讨论补偿金额、安置方式的选择。而某个建设项目(城市改造、更新、新建设等)如果含有动拆迁工程,那么安置区以及安置区规划是不可缺少的。

---

① 越南这段时期处于战争中的恶劣时期:1945—1954年跟法国打仗,1955—1975年跟美国打仗。跟美国打仗的时期,虽然胡志明市(那时称西贡)属于越南共和制度,也有其独特的发展特色,但由于管理模式、文化、历史等许多因素,导致今天的胡志明市仍保有"自发式"发展模式。

因此,笔者想了解被拆迁人对安置区规划的满意度如何,调查数据结果如表4-2所示:

表4-2 不同性别对安置区规划的满意度

项目	性别				总计	
	男		女			
	人数	比例	人数	比例	人数	比例
好	473	29.2%	333	29.5%	806	29.4%
一般	657	40.5%	417	37.0%	1 074	38.8%
不好	471	29.0%	367	32.5%	838	30.8%
不知道	21	1.3%	11	1.0%	32	1.2%

在表4-2中,认为安置区的规划工作属于"一般"的受访者占比为38.8%,认为"不好"的受访者占30.8%,仅有29.4%的受访者认为"好"。是什么原因导致那么多的人觉得安置区规划不好呢?一位50岁女住户说道:"转到这里我们不太习惯,原来的居住条件虽然简陋但邻里之间关系很好,做小买卖不错。转到这里后虽然居住条件比以前好得多,不过环境不好,再说我们不喜欢住在高楼,太麻烦了。"上文中笔者已经提过,由于历史、文化、风俗习惯等原因,越南人不喜欢在高楼居住。因为在越南人的心目中,"家"的功能 = "居住功能" + "做生意功能" + "社会功能"[①],所以在动拆迁项目中不少人不愿意选择转到安置区的方式而选择"土地换钱"的方式来解决自己的安置问题。他们认为,如果选择搬移到安置区居住,"家"就不完整了(只有居住功能,其他功能基本上没有了)。在走访中笔者得知,对许多人来说,搬移到安置区等于失去了很多(就业、就学、就医等的机会和途径),更重要的是原来的共同体价值也消失了。换句话说,安置区的好坏与是否满足被拆迁人的生活需要,是否适应他们的社会关系、文化风俗、生活方式等有

---

① 越南的家是"shop-house"(居住—商店),如果主人不能或不想做买卖就租给别人,家有着"做生意功能"。家的"社会功能"指家的邻居间关系和家的位置、规模、价值等都能显示主人的社会地位。因此,对于一个成功的男人来说"家"= 老婆,比如向别人介绍自己的老婆,一个男人可以说"这是我家"(等于"这是我太太")。

关。拆迁工作并不是以拆除居民的房屋、把居民赶走为目的,补偿工作当然更不是给被拆迁人施舍,安置工作也不完全是把被拆迁人"聚集"在一块。相反,拆迁项目是城市更新、改造其面貌的机会,通过拆迁来改善市民居住条件、调整市民生产结构、提高市民的城市化现代化的素质等是其长远计划。从利益角度来看,拆迁应当是双赢的,就是国家与人民的利益平衡,更关键的是,作为局中人的被拆迁人应能感觉到拆迁补偿安置过程中最大的收益是通过拆迁改善了自己的生活方式、生活水平。可是调查数据显示被拆迁人对安置区规划评价不佳,这意味着胡志明市安置工作仍存在问题。显然,我们必须深入了解安置区的几个具体方面,才能对安置工作有一个较为全面的评价。

二、对交通方面的满意度

安置区内部和外部的交通网络(附近周边交通网联接)是安置区内外规划的重要因素之一。安置区内外拥有良好的交通网络,将提供给被拆迁居民一个良好的日常生活环境,同时将促进安置区内外的商品交换和经济发展。下面我们观察被拆迁人对此问题的满意度。

表4-3 不同性别与居住地区对安置区交通方面的满意度

满意度	男		女		总 计	
	内城	郊区	内城	郊区	内城	郊区
比以前好	52.8%	45.1%	60.7%	33.8%	56.8%	39.5%
不变	30.5%	27.9%	26.4%	30.1%	28.5%	29.0%
比以前差	14.7%	26.9%	12.0%	36.1%	13.4%	31.5%
不知道	2.1%	0.0%	0.9%	0.0%	1.5%	0.0%

在胡志明市范围内不少拆迁项目的安置区离原来的地方比较远[1],因此交通因素(安置区内外交通网络)成为影响被拆迁人是否选择搬移到安置区

---

[1] 如前文所说的415项目就是一个典型例子。

的重要因素之一。胡志明市政府相当重视该问题,在35号决议第37条也有关于安置区问题的明确规定:"安置区的基建配套应当与建筑同步,新安置区基础建设不准逊于原来的。"但如表4-3所示,郊区受访者中仅有39.5%认为安置区的交通"比以前好",29.0%认为"不变",31.5%表明"比以前差"。表4-3也显示,居住在郊区的被拆迁人在安置区交通方面的满意度比居住在内城的被拆迁人的满意度更低。"我们家之前虽然很简陋但离市中心很近,上班很方便。转到安置区后,居住条件比以前好一点但交通问题就很麻烦了,安置区经过一场雨就被淹没了,看不见马路也不敢出门。此外转到这里后每次上班就得提前一个半小时出门才来得及,否则就会被老板赶走了。"①从这位受访者的话中可见交通因素对被拆迁人的重要性。

安置区内部交通属于基建问题,而安置区外部交通网络联接却属于城市总规划和拆迁安置政策本身的问题。胡志明市市民交通主要靠私人交通工具,尤其是靠自己的摩托车②。因此如果拆迁安置方式不考虑"原地安置"方案而主要采取"异地安置"方案③,就会造成交通问题。在走访中我们发现,被拆迁人抱怨的并不仅仅是安置区内部的交通问题,而主要是安置区离原来居住的地方、原来上班的地点很远,从而造成就业、收入等方面的不利影响。因此,在回答"跟以前(还没拆迁)相比,您觉得安置区如何"的问题时,有34.6%的受访者回答"没差别",33.0%就认为"没有以前方便",仅有27.0%认为安置区"比以前方便"④。

就在本书撰写过程当中,越南中央政府正在讨论和征询意见更改2003年《土地法》,其中有意见认为在土地征收和房屋拆迁问题上,应该考虑"原地安置"或"就地安置"的方式。其理由是:第一,避免被拆迁人产生失去原来的生活方式(共同体、社会网络等)的感觉;第二,减少一部分因"钟

---

① 本书深入访谈资料(DBGT11)。
② 在胡志明市,市民使用摩托车比例占总交通工具的75%,10%使用个人小汽车,10%坐公交车,其他的5%。
③ 离原来的地方大于1千米。
④ 请参见本书附录三表FL6.3。

摆式的交通"造成的城市交通拥堵①。

三、对用水用电的评价

用水用电是安置区基础设施配套建设最重要的项目之一。胡志明市不少安置区完工后仍然没下水道②、没用电、没用水,让许多被拆迁人进退两难,有的咬牙忍受,等待有关部门修补,有的则选择把房子转让出去。这样的现实造成被拆迁人对安置区的建筑质量、建筑配套十分不满。因此,笔者想知道被拆迁人如何评价用水用电问题。

表4-4 不同地区被拆迁人对安置区用水用电的评价 单位:%

项目	评价	胡志明市区县						
		1区	5区	新平区	鹅贡区	平正县	荣门县	平均
用电评价	比以前好	61.0	55.0	55.2	8.5	65.7	64.7	51.7
	不变	28.8	33.8	29.2	28.2	26.8	27.0	29.0
	比以前差	10.2	9.5	15.5	63.2	2.4	7.5	18.1
	不知道	0.0	1.8	0.0	0.0	5.0	0.9	1.3
用水评价	比以前好	55.8	46.0	24.5	41.0	34.3	50.3	42.0
	不变	30.2	34.8	37.2	37.8	36.9	35.8	35.5
	比以前差	14.0	17.5	33.0	13.2	21.2	13.0	18.7
	不知道	0.0	1.8	5.2	8.0	7.7	0.9	3.9

在表4-4中,对安置区用电方面的评价,认为"比以前好"的人占51.7%,认为"不变"的为29.0%,认为"比以前差"的为18.1%,"不知道"的为1.3%;对安置区用水方面的评价,按以上次序其比例分别为:42.0%、35.5%、18.7%、3.9%。表4-4的数据并不能反映全部情况,但至少也能看出胡志明市安置区用水用电方面并不是十分完善。正如一位受访者所说:

---

① 在这里要说明的是,胡志明市目前交通拥堵十分严重。换言之,交通拥堵是胡志明市最头疼的问题,被称为该市"慢性病和急性病的综合征"。
② 是指建筑物下排除污水和雨水的管道(地下管道)。

"我家同意选择'土地换土地'的补偿安置方式,项目的补偿安置委员会给我家这安置区一块用地来自己盖房,我们签好协议并搬迁到这里。但刚搬到这里准备盖房时,就发现安置区里面还没有电网也没有用水。没有水我们可以自己解决①,但没电就不能建房子了。向有关部门追问,他们的回答是,等三分之二的人搬到就立马供电。我们现在属于进退两难了。"②

进一步来看,不同的区县(居住地点)的评价显然是十分不同的。对于安置区用电的评价,鹅贡区的被拆迁人十分"悲观"(63.2%的人认为"比以前差"),而平正县与茶门县(胡志明市郊区)认为"比以前差"的比例分别为2.4%、7.5%。此外对安置区用水的评价区县之间也有区别,但差别不太大。从表4-4的数据可以得出这样的结论:第一,不同安置地区的被拆迁人对安置区用电用水问题有不同的评价。第二,被拆迁人对该问题的评价具有很大差别,足够让我们怀疑"居住区县"变量和安置区"用电用水"变量之间具有相关性。第三,作为拆迁安置政策的利益主体之一,被拆迁人有权利和义务评估安置区的基建配套,其中包括道路、下水道、用电用水等质量。第四,在胡志明市范围内,虽然法律法规对安置区已经有明确规定(规划、建设、基建配套等的规定),但在实施过程中有的安置区忽略了相关规定,而其后果就作用在被拆迁人身上。

四、对市场、学校等建设工作的评价

安置区的学校、市场、娱乐园等公共工程也与被拆迁人的生活密切相关。实际观察中笔者发现,目前胡志明市许多安置区存在"三无"现象:无学校(就近学校)、无市场、无娱乐园,使被拆迁人在转到安置区后碰到以前并没有的新困难:"我以前只要10分钟时间就可以买到菜回家给家人做饭,但现在呢(叹息),连骑摩托车也花了20分钟时间,太麻烦了。你看,这儿附近没有市场,连买菜也是很大的问题。"③还有不少安置区附近没有学校,因

---

① 一般情况下就自备一个潜水泵来抽地下水。
② 本书深入访谈资料(DBGT04)。
③ 本书深入访谈资料(DBGT08)。

此孩子上学也成了大问题。我们看看家长们对安置区的子女上学的评价，调查数据如表4-5所示。

表4-5 对安置区的子女上学的评价

评价	被拆迁人的文化程度							
	小学		中学		大学		总计	
	人数	比例	人数	比例	人数	比例	人数	比例
比以前好	75	31.4%	472	23.5%	90	17.9%	637	24.3%
不变	64	26.8%	869	43.3%	225	44.8%	1 158	38.3%
比以前差	90	37.7%	543	27.0%	162	32.3%	795	32.3%
不知道	10	4.2%	125	6.2%	25	5.0%	160	5.1%

在表4-5中，仅有24.3%的受访者认为子女上学"比以前好"，有32.3%的受访者认为"比以前差"，38.3%的受访者给出"不变"的回答。此外，不同的文化程度的被拆迁人对该问题的评价程度也是不同的。从表4-5的数据来看，文化程度低（小学学历）的被拆迁群体认为自己孩子上学方面更困难的比其他群体（中学、大学学历）的多。在走访中笔者发现，大多数拥有小学学历的家长属于贫困家庭，主要从事自由职业来谋生，被拆迁的时候容易遇到额外的困难。比如，给自己孩子转换学校就是一个大问题："自从转到这里后有许多事情要办，但最困难的是把孩子转到附近一所学校。校方说拥有本区户口的人才可以在本校上学，要么先办户口要么把户口转过来。但办户口也不是容易的事情，既要花钱又要靠关系，如果没钱或不靠关系一年内都不一定办好。我没钱又没关系，只能把孩子送到原来的地方上学，但这也太困难了。"[①]

总之，从本书采访范围内的调研数据来看，胡志明市目前的安置工作仍存在不少问题，尤其是安置区的规划、建设工作与配套设施的质量。笔者认为，胡志明市现阶段安置区规划工作与其基建配套的现状概括起来有以下几个方面：

[①] 本书深入访谈资料（DBGT01）。

★ 越南城市化进程中的政策实践

第一，胡志明市的安置区规划工作与基建配套不完善。安置区的规划与基础设施建设应当从本市总规划出发，同时跟城市规划吻合。安置区建设离不开周边、附近的规划，必须提供经济发展延续的机会。安置区不仅仅是提供住宅，而且应是确保被拆迁人各方面的发展前途的地方。如果按照该标准来看，胡志明市的安置区规划中达到此标准的寥寥无几。胡志明市的安置区规划和安置工作普遍缺乏着眼长期的战略布局及科学研究。因此，一些安置区规划工作主要重视技术、建筑方面而忽略甚至"跳过"安置区中的共同体各方面的发展，安置区规划和建筑主要依照管理者的想法来实施建筑工作，而不是根据实际情况和城市总体规划来确定；一些安置区刚刚建好（甚至没有建设完毕）就成为"落后"的，如质量不高、功能单调等，不符合被拆迁人的基本要求；不少安置区还没"安置"就表现出与城市地域总规划的"翘曲"。在走访中笔者得知，有的开发商由于资金不足就把安置区分成一块块土地然后卖给被拆迁人（土地换土地方式），买到土地的人按照自己的需要来盖房而形成"火柴盒式"的建筑，导致安置区内规划五花八门，无法整齐统一。安置区的基建配套并不能满足被拆迁人的生活、生产和工作的基本要求，如前文所述，许多家庭转到安置区之后对此十分不满。有的安置区基建还没完善但因赶时间等原因，有关部门"劝"（实际上是赶走）被拆迁人提前转到安置区，导致被拆迁人无法正常生活。

第二，在安置区的基建建筑中，开发商为达到最大利益而偷工减料，导致基础设施建设质量不好。此外，在安置区建造过程中，缺乏监督工作（包括被拆迁人的监督）也是导致其质量不好的原因之一。因为安置区住房质量不佳，不少被拆迁人刚转到安置区不久就想方设法把房卖出去。

第三，在安置区规划和建造过程中，有关部门和开发商忽略了被拆迁人对市场、学校、医院等的基本要求，导致不少被拆迁人家庭在日常生活、入学、就医等方面的种种困难。

第四，有的安置区离原地比较远（异地安置方式），使被拆迁人（尤其是自由职业者）的职业、收入等受到不利影响，导致安置后的生活水平比原来差。实际上,被拆迁人除了需要安置区的实体基础建设(如学校、医院、道路、市场等)之外,更需要的是社会基础设施建设(如各种组织、团体、协会、共同体和管理机制等)。

第五,在安置区的建造和建设中生态环境问题基本上被忽略,许多安置区环境污染十分严重。其原因颇多,主要是:开发商和有关部门为提高自己的获利而不愿提及生态环境问题;在规划过程中缺乏一贯性、同步性,只注意到"住宅"方面而不考虑到"生活"方面(尤其是生活质量)。

第四节 利益主体之间的博弈分析

为了达到城市改造更新、城区扩大等目的,就要通过城市拆迁重新获得土地和更改土地用途。在进行拆迁补偿安置的过程中,涉及多方利益主体,其中包括政府(中央政府与地方政府)、被拆迁人、开发商、投资者、直接拆迁人(承办单位、拆迁委员会、评估机构)、拆迁直接管理机构、人民法院、国际组织(UN、ADB、NGO)等直接与间接的利益、权利的主体,如图4-9所示。

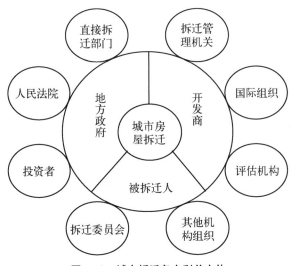

图4-9 城市拆迁各方利益主体

从图4-9可以看到,在城市拆迁中,利益主体多样化明显。利益主体之间利益纠结复杂,导致动拆迁难度明显加大。因此,对拆迁过程中的各方利益主体作出界定的同时,指出它们之间采取何种博弈也是非常重要的。不过由于篇幅所限,在本书研究中只能仔细分析下面的主要利益主体:政府(中央政府和地方政府)、开发商(投资者)以及被拆迁人。

我们假定拆迁各方主体都是理性人,拆迁活动中各方都采取策略来实现自己的利益最大化。在胡志明市政府35号决议框架下,通过设计一种激励相容的城市拆迁补偿制度,使个人理性自我实现的同时自发地达到集体理性。35号决议第1条明确表示:为了国防、安宁、国家利益、公共利益、经济发展的需要,国家有权收回土地,同时对被征收人给予拆迁安置的补偿。对于开发商来说,在城市拆迁中其目标就是商业利益,而对政府来说就是以公共利益和经济利益为主。那么在拆迁中它们之间的博弈行为如何?

一、开发商与地方政府的博弈

地方政府在土地市场上占有主导的地位(具有土地开发的决定权),而开发商往往在地方政府确定了博弈规则之后才采取相应的博弈策略。我们可以将地方政府和开发商的博弈分为两个阶段:第一阶段是许多开发商来争夺土地开发权;第二阶段是某开发商获得开发权之后跟地方政府的博弈[1]。在第一阶段,地方政府的博弈目标就是尽可能获得财政收入的最大化。在这种情况下,地方政府希望土地出让金越高越好。2002—2012年间,胡志明市的GDP一直在上升,在GDP的结构中,土地出让金占的比例非常高。所谓地方政府经济利益是指城市房屋拆迁中所获得的经济性收益,如土地使用权出让金的直接性收益、房地产税费等间接性收益。在地方政府希望获得更大的经济利益的情况下,开发商就得仔细核算其成本和收益,首先就要尽可能地降低土地获得成本。胡志明市35号决议允许开发商根据具体情况和具体的拆迁项目跟被拆迁人协商补偿价格、补偿方式和安置方

---

[1] 邵慰.城市房屋拆迁制度研究——新制度经济学的视角[D].大连:东北财经大学,2010.

式。因此,对开发商来说,一旦获得土地开发权就会尽可能把补偿标准降到最低,以便追求成本最小化与利益最大化。

因此,在胡志明市不少地方,拆迁有关部门在土地转让中发生腐败行为,地方政府官员与开发商"携手"牟利。比如,胡志明市2区人民政府前副主席阮明庆在任职期间(在任职副主席期间,他还曾任本区拆迁补偿安置委员会会长)"吃"了不少土地和占用了巨额的补偿金。2004—2009年,阮明庆已经"吃"了大概1.8万平方米国有土地、占用被拆迁人的补偿金489亿越南盾。又如胡志明市荣门县拆迁补偿安置委员会前主席潘黄安,占用荣门县的补偿资金达300亿越南盾。他擅自编造补偿安置"幽灵名单"来领取补偿金,还跟开发商合谋提高补偿价格以占用补偿金。可见,在拆迁补偿安置活动中,政府官员和拆迁管理部门违法违规案例花样百出,层出不穷。越南资源和环境部部长阮明光在新闻发布会上就曾说,目前腐败问题很严重,看到拆迁补偿安置活动中的以权谋私等现象感到很痛苦。

二、被拆迁人与地方政府的博弈

越南中央政府和胡志明市政府对拆迁补偿安置有相关规定:土地是属于国家的,需要时国家拥有收回土地的权利;不允许个人有土地所有权,个人只有土地使用权。在土地征收过程中,地方政府(国有土地代理人,代表国家利益)必然掌握着土地的所有权、规则的制定权和补偿标准的制定权且同时又是公共利益的代表。胡志明市35号决议第1条已明确规定,对于一个市民,住宅不仅仅是"住"的地方而且是个人(家庭)的最大私有财产。因此,房屋拆迁意味着被拆迁人被转移"住"的地方,也会对被拆迁人造成各种影响,从而引发"公权力"与"私权利"冲突的问题。

在土地拆迁过程中,地方政府依据相关法律规定和中央政府的授权来制定相关政策与措施,同时在拆迁补偿安置过程中扮演重要的角色:制定相关法律制度、执行监管拆迁实施流程、决定房屋与附属物的征收、评估补偿价格、解决纠纷等。但一般情况下,在征地项目的决策阶段,公民根本没有知情权,更不用谈发言权①。

根据胡志明市 35 号决议,土地征收前,拆迁管理部门必须告知被拆迁人土地征收的理由(农业用地至少提前 90 天,非农业用地至少提前 180 天),同时通知搬移时间,告知补偿方案和安置方案。该决议还规定,土地征收与补偿计划决定同时公布之后,拆迁决定已生效时,被收回土地人必须执行决定。不执行拆迁决定的人,人民政府和有关部门有权发布强制决定书,被强拆人必须服从该决定,同时保有向有关部门投诉的权利。显然,这样的规定有利于拆迁管理部门。在决定拆迁政策之前,地方政府处于"霸王"的位置,反之,公民对拆迁相关政策根本不知情,也没有发言的权利。因此,这两个利益主体的博弈就像"鹰鸽博弈"。

在任何拆迁补偿安置的项目中,补偿标准、范围和价格都是由政府与拆迁有关部门来制定的,被拆迁人在补偿标准制定过程中没有发言的权利,只在补偿标准制定之后,拆迁有关部门才跟被拆迁人"谈判"补偿价格。因此,在一般情况下,地方政府制定的补偿标准都是很低的,有时甚至会想方设法把补偿标准压到最低。胡志明市现阶段的土地补偿价格按规定为 250 000—2 300 000 越南盾/平方米。在规定范围之内,由拆迁补偿委员会根据具体情况确定具体价格,这样一来,补偿价格评估者就有了可操作的余地,拉低价格以达到最大利益就很常见了。比如,住在胡志明市 11 区李代行路 475 号的李氏红女士,她的房屋(土地面积 62.22 平方米,住房建筑总面积 154.70 平方米)已经收到了拆迁决定书。在拆迁的时候,根据市场价格来算,李氏红的房子大概值 40 亿越南盾,但拆迁补偿委员会给该房子评估的价格为约 12.3 亿越南盾。李氏红认为该补偿价格过低,不同意该补偿价格。她还说,如果用这笔钱去买跟原来差不多的房子实在买不到。11 区拆迁项目管理部门试图换个安置方法以说服李氏红,让她转到本区的安置点(安置区的公寓楼),但她也不同意,因为她家是"店屋"②,如果搬到高楼,赚钱的途径就

---

① 邵慰. 城市房屋拆迁制度研究——新制度经济学的视角[D]. 大连:东北财经大学,2010.
② 即既是居住地方又可经营商店的多功能房子。在胡志明市这种房子是常见的。

没了,从长远来看拿什么来保障家庭生活呢？李氏红说,由于补偿价格不合理,她已经多次向拆迁补偿委员会要求提高补偿价格,但事情到目前为止还没得到妥当的解决。

近些年来,很多拆迁项目不能正常进行正是因为补偿价格问题。一方面,胡志明市35号决议没有确定具体的补偿价格,这意味着还存在"讨价还价"的空间。另一方面,在补偿价格评估决定下来后,被拆迁人才能知道评估价格,而且被拆迁人并不清楚房屋被拆迁到底能给多少补偿,始终抱有一种"能多要就多要""能赚多少就赚多少"的"漫天开价"的赌徒心理。实际也有很多人通过"讨价还价"获得了较高的补偿金。

拆迁补偿过程分成3种：第一种,被拆迁人乖乖地接受政府制定的补偿价格并搬迁；第二种,被拆迁人暂时不接受政府制定的补偿价格,同时向有关部门讨价还价,提高补偿价格到一定程度后就搬移；第三种,死活不搬走,坚持"谁最后搬谁的补偿金额就最多",盲目、无理地抬高补偿价格,甚至比市场价格还高得多。一般情况下,第三种容易引发争端,在这种情况下,政府就会选择强拆方案。

越南2003年《土地法》和胡志明市35号决议规定,对不执行拆迁补偿决定的人,地方人民政府有权力实行强拆,被拆迁人也可以向有关部门提出拆迁补偿复议或去人民法院进行诉讼,但诉讼期间不停止拆迁的执行。近年来,随着拆迁项目越来越多,对拆迁补偿的抗议事件也愈演愈烈,因拆迁而上访、集体上访纷纷出现。目前胡志明市基础设施建设普遍面临着受到征地和拆迁瓶颈制约的困难,其中,赔偿标准核定和移民安置是关键。在胡志明市,有的建设项目（特别是道路改造）,赔偿款约占项目总投资的90%[①],这对项目是十分不利的。造成这一状况的主要原因还是相关政策法规不配套、缺乏一贯性,实践中缺乏法律依据,35号决议也不能完全解决土地定价、赔偿标准、移民安置和土地回收等环节的问题。

---

① 胡志明市阮氏明开路的道路改造项目是一个典型的例子。据了解,改造该条路时的总投资为7 850亿越南盾,其中用于补偿安置的资金为7 300亿越南盾、改造建筑成本为550亿越南盾。也就是说,补偿安置款约占项目总投资的93%。

三、被拆迁人与开发商的博弈

一般情况下,房地产开发商所追求的是企业利润的最大化。他们大都热衷于城市开发,因为他们在城市建设中可以获利,甚至是获暴利。按照越南国情和胡志明市的情况,在城市房屋拆迁过程中,房地产开发商关心的首要问题是如何取得土地。土地属于不动产的领域,土地附属物(房屋)的所有者同时拥有土地使用权。开发商所获得的是土地使用权而不是房屋所有权。但想获得土地使用权就应获得拥有土地附属物的所有权的人同意。因此房地产开发商必须与被拆迁人进行沟通和签署协议。问题在于各方都在争取自己更多的利益:开发商想尽可能减少费用(补偿金)而被拆迁人追求的是更多的补偿金额。因此,有时候两者之间发生利益冲突是不可避免的。事实告诉我们,一般情况下在拆迁过程中,地方政府往往站在开发商那边,双方会采取"合作"策略以便获得各自更大的利益。同时,开发商更"靠近"地方政府的特点使之有获得信息资源的机会。所以开发商得以利用政府与被拆迁人间的信息不对称。毫无疑问,在拆迁补偿安置中,开发商比被拆迁人更清楚政府拆迁补偿金的预算、政府的相关政策等信息。从经济角度来看,开发商力图付出最少的代价(尽可能减少补偿金额),处于弱势地位的被拆迁人只能通过"会哭"来提高自己的补偿金。从法规角度来说,胡志明市35号决议没有明确的相关规定保证被拆迁人参与补偿预算过程或知情的权利。在这样的规定下,拆迁补偿价格评估之后才会给被拆迁人通知以及听取其意见。开发商在被拆迁人对拆迁补偿的价格还未有足够了解的时候,就可以与地方政府"联手"把补偿标准压到最低,让被拆迁人只能吃亏。

在拆迁补偿过程中土地争端、抗议等问题越来越多。其原因主要在于:第一,30年的战争已对土地使用权人的认定造成了干扰。第二,土地管理政策在很长时间内出现缺乏、不同步、不一致的现象,在许多时候都没有足够重视土地使用权的问题和土地使用权人的正当利益。第三,在拆迁补偿工作中国家(土地所有权的代理人)与土地使用权人之间的关系,社会利益、开发商利益与被征收土地人利益等各方利益之间的关系并没有妥当地解决。第四，地方政府在执行国家土地管理规定和相关法律时不到位，在拆迁过程中，监督工作被忽略。拆迁补偿安置项目的检查、监察的工作不到位。在拆迁补偿安置过程中，拆迁管理部门和执行拆迁的单位有时不按照拆迁程序来执行政策规定。第五，解决土地争端、投诉、抗议等的工作和途径不能满足实际要求。第六，不少拆迁管理有关部门和直接实施拆迁的人员滥用职权谋私、舞弊和腐败等现象普遍存在。甚至不少干部与开发商、投资者勾结起来挪用、贪污、私分、截留和拖欠征收补偿费用等，甚至用各种各样的非常规手段来折磨被拆迁人，让被拆迁人因"受不了"而妥协。在很多情况下，开发商不敢公然出头，而是通过地方政府来施压于被拆迁人。例如，胡志明市饶禄一氏义运河改造项目中，一名官员对"钉子户"宣布，如果不搬走的话就立马切断电、水和通信等。陈国兴（"钉子户"之一）愤怒地说，地方政府采取这种手段来把我们赶走，"我们不能接受这样的领导，这是压迫人的领导啊"。在胡志明市，不愿意搬迁的人被以各种手段恐吓、威胁并不罕见，给拆迁居民造成了心理恐慌、负面影响，使之对领导干部失去信心，对拆迁项目产生一种"对抗感"，并且感觉孤立、不安、恐惧等。

"不搬走就不给勋章"是杨婷鑫的案例。杨婷鑫曾经参军，1986年退伍复员回原地生活。从1999年到现在一直参加胡志明市平石区的"退伍军人协会"，满足了该协会所有要求，应获得荣誉勋章。但杨婷鑫是平石区拆迁项目的"钉子户"之一，因补偿价格过低，引发他与家人的不满和抗议而不愿搬迁。因此，他受到"不搬走就不给勋章"的威胁，他感到很莫名其妙："他们（拆迁补偿有关部门）说不搬走就不给勋章。我才不管呢，反正每年都会有一次勋章评选，今年不行就明年吧。虽然拆迁补偿和获得勋章都是我的正当的权利，不过它们是两码事。勋章不是钱的问题，而是我20年当兵的荣誉以及政治价值。协会会长告诉我，还没领补偿金就不应该领勋章。我问协会支会会长才知道，在获奖名单中我名字被划掉了，上协会追问协会主席，他却说是因为协会支会不提交我的名字。"可以说，为逼迫被拆迁人早搬迁，开发商采用的手段千奇百怪，其最终目的就在于加快拆迁进度并扩大其利益。

★ **越南城市化进程中的政策实践**

让笔者吃惊的是,越南中央政府和胡志明市政府在所有的拆迁补偿安置政策中,对上面所述问题并没有任何相关规定。也就是说,在拆迁过程中采取各种手段来控制、折磨被拆迁人的行为是被允许还是被禁止都没有相关条例来界定。据笔者所知,中国 2011 年之前在法律上对该问题的解释也是空白的。但 2011 年《国有土地上房屋征收与补偿条例》(中华人民共和国国务院令第 590 号)[①]和《上海市国有土地上房屋征收与补偿实施细则》(上海市人民政府令第 71 号)[②]出台就对该问题作了明确规定。笔者认为,禁止拆迁人(包括拆迁管理部门、建设单位、开发商等)采用暴力、威胁、极端等手段来逼迫、折磨被拆迁人,禁止建设单位参与搬迁活动,这两个新规定是对原有法律的一大完善。

---

① 《国有土地上房屋征收与补偿条例》已在 2011 年 1 月 19 日国务院第 141 次常务会议通过,自公布之日起施行。
② 《上海市国有土地上房屋征收与补偿实施细则》已于 2011 年 10 月 10 日上海市人民政府第 121 次常务会议通过,自公布之日起施行。

第五章
讨论与结论

第一节 若干问题的讨论

一、拆迁补偿安置政策方面的讨论

通过对越南中央政府和胡志明市政府的拆迁补偿安置相关政策及其实践的探索与分析,概括起来说,当前胡志明市征地拆迁政策中出现了"既剩余又缺乏"的现象。所谓"剩余"是因为拆迁政策"出生"太多了,政策之间有时出现重叠、冲突和矛盾等现象;所谓"缺乏"就是有的政策很笼统,缺乏详细性、具体性、可操作性,让政策落实的时候发生首尾不一、缺乏一贯性的情况。此外政策往往落后于城市实际发展的要求也是一种"缺乏"的表现。

目前为止,越南 2003 年《土地法》可以说是越南拆迁补偿安置相关政策之母。换言之,越南 2003 年《土地法》是越南政府和各地方政府的拆迁补偿安置政策的基础依据,因此 2003 年《土地法》对国有土地上房屋征收补偿安置的相关政策扮演着非常重要的角色。但问题在于,越南 2003 年《土地法》本身并不完善,还存在不少的争议之处[1]。例如,越南 1993 年《土地法》第

---

[1] 因此,越南中央政府、国务院、有关部门正在提议修改 2003 年《土地法》存在不足和争议的条例。

27条关于"土地收回"的规定:"在必须情况下,国家为了国防、安宁、国家利益、公共利益的目的,拥有对土地征收、收回的权利"。而2003年《土地法》第38条关于"土地征用"的规定,除了"国防、安宁、国家利益、公共利益"之外,还加上"经济利益",将之归入土地征收范围内①。我们应该承认的是,国家为了发展经济和公共利益的目的进行土地征收、房屋拆迁补偿等活动并不是错误的。关键问题在于,什么是"经济发展","公共利益"又是什么?"经济发展的利益"与"国防利益""国家安全利益""国家利益"等概念间有何不同的地方?它们之间的内涵与外延如何,怎样辨别?等等。有学者指出,胡志明市截至2003年(2003年《土地法》开始生效)有80%以上的拆迁项目围绕着经济发展利益的旗号来盈利,其中80%的盈利流入开发商、投资者的口袋里②。不知道该数据准确度如何,不能否认的是,近些年来胡志明市打着"发展经济"的幌子来获利的开发商确实并不罕见。此外,不少拆迁项目并不纯粹是为了公共利益,也不是为了发展经济,但也使开发商和地方政府下"决心"进行拆迁,给百姓带来不少困难和损害。胡志明市35号决议虽也在提到"公共利益"和"发展经济"的同时,强调非公共利益不允许随意拆迁,但归根结底,所有的拆迁活动都可以借着发展经济的旗号来进行拆迁。结果政府赚了钱、GDP增长了、领导的政绩提高了、城市建设发展了、开发商也赚了钱,但一部分被拆迁人因为在拆迁补偿过程中遭遇困难和不公,引发抗拆、上访等事件。为了经济发展目的,地方政府想方设法促进城市建设发展并没有错,但为了自己所谓的政绩或者城市的GDP增长等而不顾大多数民众的合法利益却是错误的。

---

① 中国对土地征收的政策《国有土地上房屋征收与补偿条例》第二条规定:"为了公共利益的需要,征收国有土地上单位、个人的房屋,应当对被征收房屋所有权人(以下称被征收人)给予公平补偿。"上海市也出台了《上海市国有土地上房屋征收与补偿实施细则》,其第二章第五条关于《需要征收房屋的情形》规定:"为了保障国家安全、促进国民经济和社会发展等公共利益的需要……"可见中国政府在需要收回土地的情形下的规定也提到"促进国民经济的需要",并在下面仔细列出何为"国民经济的需要"。但是,越南2003年《土地法》确实没有说明什么是"经济发展的利益",故导致争议,同时在政策落实中,许多地方(包括胡志明市)利用该模糊的盲点来舞弊,不少开发商打着"经济发展的利益"的幌子来获利,同时损害了公民财产权利。
② 阮光荣.城市改造过程中的社会问题:减少对于弱势群体的伤害[J].越南社会学杂志,2011(1).

★ 越南城市化进程中的政策实践

因此,作为越南拆迁补偿安置"法律之母"的2003年《土地法》必须完善下面几个问题①:第一,要把"公共利益"和"发展经济"两个概念解释清楚,即说明白其具体内涵是什么,避免地方政府因"误会"法律法规实施细则当中的内容而引发"乱拆迁"的现象。第二,要么把"公共利益"和"发展经济"的模糊概念删掉,要么保留其中之一。因为"公共利益"和"经济利益"两概念内涵之间具有重叠、交叉的地方,有时"经济利益"也包括"公共利益"。第三,找到一个可以替代上面两个概念的词,因为法律不应该存在笼统的地方。从法律角度来说,中央政府只要承担构建"法律走廊""法律禁区"的职责,然后让地方政府根据"法律走廊""法律禁区"作出相关具体的规定、决议。目前越南的国情是,地方政府只按照中央政府相关法令制定法律法规实施细则,但并不具有真正的因地制宜意义。在走访中,笔者向胡志明市领导干部提问"什么是公共利益",不少人回答不出来,有的说:"什么是公共利益啊,那就是国家的利益。政府为了老百姓、民众的正当利益着想,同时让其享受社会发展,提高百姓物质方面和精神方面的生活水平,这就够了。"②可见公共利益和经济利益是"说不尽、谈不完"的概念,因为其界定、内涵较宽泛,而法律上模糊和宽泛的概念确实并不具有可操作性、可落实性。目前越南2003年《土地法》和181号、197号、198号及69号等法令,胡志明市的123号、17号、65号、82号和35号决议对于"确需征收房屋的情形"都提出"公共利益"和"经济利益"(发展经济利益)的概念。这两个概念从某种角度来说也是"既剩余又缺乏"的。笔者认为,以发展经济为目的的拆迁建设可以被界定为是为了公共利益,更重要的是要看其能否满足越南宪法和其他有关法律中的公共利益需要,看"发展经济的公共利益"的界定是否符合法定的认定程序。

从表面上看,动拆迁的目的都是为了促进经济发展或提升城市形象和面貌的。越南的法律都提到以公共利益、经济利益、发展经济的目的来制约拆迁项目。但是从目前的越南国情来看,"发展经济"和"公共利益"(或者发

---

① 关于土地征收房屋拆迁补偿安置的若干法令、决议也应该把这几个问题搞清楚。
② 本书深入访谈资料(LDTP03)。

展经济的公共利益)的认定程序上可能存在重大缺陷甚至误区,因此造成拆迁只为了"发展经济"的乱象。

笔者在观察中发现,越南政府(中央和地方)的拆迁补偿安置相关法律的变化太快了。据不完全统计,在越南1993年《土地法》至2003年《土地法》期间,仅10年时间就大约有300个指导实施《土地法》的法律文件(包括法令、决定、决议和公函等)。从2003年颁布《土地法》至今,从中央到地方各级,大概有400个征迁法律的相关文件①。太多所谓"征迁的指导实施"的文件条款导致拆迁补偿安置的有关部门、土地管理者、实施拆迁人员、安置补偿委员会甚至行政部门、法院、律师等也不能全方位掌握、运用,更不用说在实施中把握准确度。领导干部都如此尴尬,更何况老百姓和被拆迁人了。

拆迁补偿安置政策连续性的变化和过快的更新让拆迁管理有关部门、拆迁工作人员以及被拆迁人来不及适应,不知道拿哪一套规定来实施才是正确的。有时老政策与新政策相撞、冲突,有的项目正在按照老政策实施的时候突然出台一套新政策,而两者之间并不能替换甚至相互矛盾,导致一部分按照老政策另一部分按照新政策,新老政策之间的补偿安置规定有时区别巨大,引发被拆迁人的不满。土地征收房屋拆迁的相关法律法规出台的"多、快、短、缺"是目前越南(也是胡志明市)的特征和现状②。这不但让有关部门头疼,也让老百姓与被拆迁人万般无奈:"我们确实不知道自己的土地和房屋被收回是根据哪年哪月的哪个法律。如果知道的话,自己利益没能实现就可以投诉。说实话,我们老百姓哪知道什么是法令、政府的公函、部级的指导实施和地方政府的决定等。因此我们只能按照政府和补偿安置委员会的通知来签协议而已。"③因此,从某种角度来看,笔者认为无论是越南中央政府还是胡志明市政府,都应该下决心废除多余的规定,法律应该具有

---

① 仅在胡志明市区就共有大约50个相关规定。
② 笔者认为之所以越南拆迁补偿安置的相关法律那么多是因为立法观念不正确:立法的时候不应该以"指导思维"来制定法律而应该扮演"法律框架""法律走廊"的角色。因为"指导思维"就意味着"该怎么做、该怎么办";而"法律框架"的目的是建立一个"法律走廊",帮助法律下面的法令、法规、决议等和地方政府(各级政府)自由行动,以确保达到其目的。总之,"指导思维"让下级"该做什么"(允许空间),"法律框架思维"让下级"不应该做什么"(禁止空间)。
③ 本书深入访谈资料(DBGT13)。

★ 越南城市化进程中的政策实践

统一性、一贯性和可操作性，让领导干部容易"抓住"、容易落实；老百姓也不难掌握和理解，这样才可以维护自己的权利；"坏"的工作人员失去了牟取私利的机会，"好"的工作人员在管理和落实中也可减少错误的地方。在这里应该强调的是，法律的制定者应该按照国情社情与地方实际情况来制定相关法律而不是靠"灵感"来制定，否则不仅不能解决实际问题，反而会导致更多的混乱。从胡志明市当前的状况来说，法律建设还是以少而精为好，而不是"多、快、短、缺"。正如一位受访者说的："在我看来，如果是国家国防、公共利益需要，政府可以收回百姓的土地，但如果是投资者想把我们家园拆掉然后建造住房和房产来经营，就应该跟我们商量，不能跟国家那样补偿较低。我们觉得十分不满想投诉，但想了想就放弃了，因为投诉流程和相关规定太复杂了。"①

此外，越南2003年《土地法》和拆迁补偿安置的相关法律法规中规定"补偿标准"为"接近市场价格"②，问题在于何谓"接近市场价格"，不少被拆迁人不知道自己的补偿是否达到了"接近市场价格"的标准，有的甚至拿到补偿金之后买不到不及原来二分之一的房子。因此，在法律上应该明确指出何谓"接近市场价格"来确定补偿标准。为了确保补偿价格接近市场价格，胡志明市政府规定，土地价格应该每年调整一次。笔者并不认为这样的规定合理，市场总是在变动的，可能每日每月的情况都不一样，但拆迁补偿每年才调整一次的周期，就往往落后于市场了，这就造成被拆迁人"等待提价"的心理，对被拆迁人自身不利，对城市的社会经济发展也造成了影响。要解决此问题，笔者认为，胡志明市政府应该允许存在确认土地价格的独立咨询机构。这种专业组织是独立于政府的机构，具有相应的能力和经验，这样其出具的土地价格和补偿标准等方面接近市场价格的可能性较高，可避免一部分领导干部操纵补偿价格损害被拆迁人的利益，同时被拆迁人也能了解到接近市场的补偿价格。

从政策角度来看，越南胡志明市土地征收房屋拆迁政策当前还存在不

---

① 本书深入访谈资料（DBGT09）。
② 越南2003年《土地法》第56条第1款第1点具有相关的规定。

少问题。譬如,法律规定环境资源部门拥有土地管理权,同时也应该拥有土地规划并根据其规划而分配土地的权利。这"分权"和"领域主义"就会造成土地规划和城市规划活动不一致、重叠甚至相矛盾。从理论上说,环境资源部门不能制定详细的土地利用计划,因为该部门没有专业知识和科学依据,如果由其来进行土地规划,只能造成城市拆迁补偿安置与城市规划混乱的后果。

二、拆迁补偿安置落实方面的讨论

中国有一句古话:"天下之事,不难于立法,而难于法之必行",越南也有一句俗语:"法律只能活在百姓心中,如同鱼活在水中",就是说一个政策好坏与否,得看其执行落实的情况如何。换言之,执行落实是法律的活力之源。对拆迁补偿安置政策来说也是如此,随着政策建设层面的逐渐完善,执行与落实也应逐步走向深入,否则政策只能是一个口号和装饰品而已。

胡志明市的土地征收房屋拆迁的法律法规虽然还没完善,但坦白地说现阶段胡志明市征地拆迁急需解决的,并不是"政策还没完善"所导致的问题,而是怎样从政策落实、执行、监督工作过程中发现问题并解决。不太夸张地说,根据胡志明市现状,迫切需要的是加强对征地拆迁实施过程的监管,确保征地补偿标准、安置工作执行到位,尤其是补偿标准是否已经"接近市场价格",百姓的拆迁补偿补贴金是否及时足额支付到位,在实施征地拆迁过程中领导干部、直接拆迁负责人等是否出现拖欠、截留、贪污和挪用征收补偿费用。

胡志明市一些拆迁管理部门和拆迁项目的补偿安置委员会没有与被拆迁人商量、谈判便擅自、任意作出补偿标准与补偿价格,导致被拆迁人十分不满,但不得不搬迁,否则就会被强拆。笔者在考察若干拆迁项目后得知,有的按理说有领取补贴权利的被拆迁人没有收到任何补贴金,有的被拆迁人在拆迁前几天才拿到地方政府和拆迁补偿委员会的"拆迁通知",就像一位住在胡志明市12区的被拆迁人所叹息的:"这样的话等于是掠夺了我们的合法土地使用权,但向区人民政府反映只说要我们保持'冷静'。"①越南中央政府与胡志明市政府的征地拆迁相关政策已经明确规定从申请土地征收许可证到进行拆迁的时间和流程限制,为什么在落实中有关部门仍能这样违规行动呢?地方政府与开发商"携手"各自牟利是其主要原因,但归根结底是因为拆迁补偿安置过程中的监管机制失灵。据悉,绝大多数所谓的"拆迁补偿安置委员会"都是区县级最高领导干部担任"委员会主席",于是地方政府在拆迁人、行政裁决者和执法者等多种角色中交叉错位,相当于既是运动员,又当裁判员。正因为如此,房屋拆迁政策落实过程不能顺利进行,老百姓碰到问题不知道向谁投诉,投诉时也不知道谁来解决。当前越南地方政府对于征地拆迁领域几乎都有拿着"尚方宝剑"来"便宜行事""先斩后奏"的权力。因此,被拆迁人如果面对野蛮拆迁,为了维护自身合法权益,在万般无奈之下只能是,轻者要求复议、投诉、上访、信访,极端的就以野蛮行为、武力或生命相抗争。近些年来在胡志明市范围内屡屡发生因拆迁而导致被拆迁人自焚、自杀等恶性事件②,其主要原因就在于拆迁补偿安置进行中的程序不合法、补偿不到位、安置不合理、安置后工作被忽略和不妥当地实施强制拆迁。可见,有好政策固然非常重要,但更重要的是政策落实过程是否严格按照政策精神来执行,是否出现"空架子"、失真、失灵和越轨等现象。好政策如果落实不好也是因为基层干部故意用"上有政策下有对策"的态度来对付,说到底也是为了自己的利益。所以必须进一步严格征地拆迁管理工作,加强拆迁补偿安置政策落实中的监管工作,切实维护群众合法和正当的权益。

不夸张地说,目前越南和胡志明市的拆迁补偿安置中充满了随意性、暴力性及其他各种非法行为③,这不仅是法律政策的问题,更是法律政策落实实施的问题。上级与下级的立法立规相互重叠、冲突、矛盾和拆台等现象,主要原因在于地方政府立法、执法和司法过程中不顾上级的政策只顾自己

---

① 本书深入访谈资料(DBGT01)。
② 请参见本书附录四图10。
③ 比如对被拆迁人实施断水断电、人身威胁、盲目强拆等恶性行为。

的利益,甚至"合法化"其错误,结果导致被拆迁人的利益受到严重的损害。法律政策原则,尤其是法律的根本原则,不能仅仅是"纸上谈兵""有口无心",也绝不能只按照某部门、某意见和某要求去制定法律,而是要一切按照实际情况、老百姓的需求、市场规律等来制定和实施。总之,好政策也需要真正落实执行,执行过程中不仅要看执行者是否遵从法律法规,也需要看管理监督者监管工作到位与否;不仅要看执行者和管理监督者的职业道德素质,更应看法律的惩罚、社会舆论的力量、上级的决心等因素。

三、拆迁补偿安置对被拆迁人的影响

从上文的分析中可以看到,拆迁—补偿—安置—安置后这一系列征地拆迁环节中存在不可分割的有机联系。但从拆迁法规政策体系到实施落实,不难看到,目前胡志明市区的安置后工作几乎没有人管。很多被拆迁人安置后的家庭经济情况及其生活水平等方面大部分受到搬迁的影响,但他们并没有得到地方政府(安置点)物质、精神方面的任何帮助。在考察中笔者得知,有的安置区已经完成了基建工作但没有人愿意转到此地居住[①]。据悉,之所以被拆迁人不愿意转到安置区居住是因为其基础建设配套十分简陋、无法满足生活需求,同时地方政府对"新居民"也不太欢迎。譬如,安置之后的就业、就医等问题若碰到困难不知道向谁求助,即使求助的话,也没有能够得到帮助的希望。

不可否认的是,为了促进城市化进程,满足城市改造、扩容、棚户区改造等要求,进行土地征收与房屋拆迁等活动是不可避免的,也是正确和必要的。但只有在土地征收、房屋拆迁中考虑老百姓的生活各个方面需求才能达到"双赢"的目的。坦率地说,达到"双赢"的目的并不容易,但也不是不能实现,不仅需要法律条款规定,更需要地方各级政府在政策实施阶段和落实阶段敢于担当和为人民利益着想。

拆迁不只是把一个人(群体)从这一点转到另外一点的机械转移。从某

---

① 例如胡志明市7区的新兴安置区,虽然2006年已"完工",但目前没有人住;该区的富顺安置区共有44套房子,但仅有12套有人居住。

种角度来看,被拆迁人是一个有机实体,也处于共同体之中,拆迁会影响到他们的生活方式、社会关系和精神文化等诸多方面。因此,拆迁工作并不应仅停留在"拆"和"迁"的活动中,也不应仅停留在帮助被拆迁人"重建家园"的任务层面上,而是必须做好"重建家园"之后的"置"与"安",更重要的是必须做好被拆迁人的"重建非物质方面"的工作。如果拆迁仅停留在"拆"和"迁"上,那么拆迁就没有人性化因素;如果停留在"安置"上,那么就没有文化性;如果被拆迁人被"置"但没有"安"的感觉,那么就是拆迁的失败。拆迁补偿安置真正的成功来自老百姓安置后的满意度,也就是说,拆迁应能够保障被拆迁人物质方面和精神方面的需求。

在本书研究范围内已经有充分的证据认定,土地征收房屋拆迁对被征收土地与被拆迁人的工作、学习、生活、就医等各方面都产生了影响,若想制定出一套十全十美的政策并加以严格的执行落实,使得被拆迁人可以完全免受被拆迁的影响,这是根本无法实现的。只有在拆迁补偿安置过程中尽力减小对被拆迁人各方面的影响,并尽力保留被拆迁人恢复、还原和发展的可能性的空间,才能接近于将工作做好。

四、拆迁补偿安置的安置后工作问题

上文已经阐明,安置后工作是拆迁补偿安置工作的重要的一部分,其不仅决定一个拆迁项目工作的成败,更重要的是表明某个政策是否人性化,进一步说,它还代表着某种社会制度是否将"以人为本"作为基本理念。

目前胡志明市的拆迁补偿安置与安置后工作确实存在不少问题(包括社会、经济、规划、建设等问题)。据了解,不少安置区存在"5个没有"的现象:安置后没有工作、安置小区没有幼儿园、安置区内与附近没有医院、安置区没有公共空间和安置后没人管。不管是"5个没有"还是"多个没有",都是政府与拆迁补偿管理部门在很长时间内,把拆迁补偿安置工作最终的目的误解为只是给被拆迁人补偿金然后让其搬迁的后果。有时候完成拆迁目标之后,政府、拆迁有关部门甚至被拆迁人才吃惊地明白一个简单的道理:拆迁补偿并不是简单的"拆""迁"和"补""偿",被拆迁人不止需要"存在下去"或"活下去",城市不止需要发展下去,更重要的是老百姓和被拆迁人必须"活得更精彩""活得更有质量",城市必须和谐、漂亮地发展起来。越南法律在拆迁补偿安置上有明确的规定,让被拆迁人的生活水平不亚于原来或者比原来要提高,这是让被拆迁人搬迁之后能"活得更有质量"的法律底线。但实际上该底线有时被破坏了,不少被拆迁人安置后生活水平下降、失去工作、就医困难或"被遗弃"等就是明证。

从胡志明市现阶段的拆迁政策与拆迁工作来看,安置后工作的相关规定及其实施似乎不属于拆迁活动范围内。要弥补这一点,法律上应该加上安置后工作的相关规定,同时要建立专门机构来监管安置后工作的落实情况,这种机构可包括独立于拆迁管理部门的社会工作者、执法人员和司法人员等,其职能是了解被拆迁人安置后的各方面情况,同时也作为被拆迁人与拆迁管理部门的沟通桥梁发挥作用。

任何根治疾病的手术都是痛苦的,但手术之后疾病就有好转的可能。城市拆迁好比手术,手术过程是非常重要的,但同样重要的是术后养伤的过程,安置后工作就像养伤一样,既需要别人帮助,也需要自己的坚强和信心。被拆迁人本来就是弱势群体,因拆迁导致失去工作、收入下降等更固化了他们的弱势地位。只有做好安置后工作,才能让被拆迁人从拆迁中享受到实实在在的好处。

五、被拆迁人的参与权利与评论机制

越南1992年《宪法》第2条规定:"越南社会主义共和国是人民的国家,产生于人民,为了人民,以工人阶级、农民阶级和知识分子联盟为基础,一切权力属于人民"。越南共产党中央委员会在1998年2月18日颁布30号指令(30-CT/TW)《基层民主的发展和实施》,其中第3条规定:"人民有权要求有关部门提供有关法律信息和国家的主张,尤其是直接影响到人民日常生活的相关问题"。胡志明市政府也要求所有拆迁项目应该贯彻执行《基层民主的发展和实施》的精神,老百姓和被拆迁人有权参与到拆迁补偿安置的工作中,甚至扮演"监管者"的角色。从理论上说,拆迁补偿安置中的被拆迁人,作为国家权力的代表人(一切权力属于人民)或动拆迁中的利益主体,都表现出人民的最高地位。在征收拆迁中,被拆迁人享有参与其中并提出自己的意见和建议的权利,可以向有关部门就补偿标准、安置中不妥之处等提出诉求,这是"人民权力的底线"。

在拆迁补偿安置中,实现基层民主的规则并不能纸上谈兵。重要的是,胡志明市政府、市委和市级有关部门应当加强指导、监管和检查工作,阻止拆迁管理人员的专权独断和违法舞弊行为。被拆迁人的参与权利并不是形式上的民主,而是促进拆迁补偿安置更有效、更好地解决的前提。应该认识到,征地拆迁的活动并不仅是国家、党或政府的事,人民也在其中有自己的责任和权利。任何拆迁活动如果给绝大多数老百姓带来的是生活不方便,给他们添麻烦、添负担、添烦恼,损害他们的利益,那就谈不上"为人民服务"和"一切权利属于人民"了。

第二节 结论与展望

一、主要结论

在促进城市现代化的过程中,拆迁补偿安置已经成为越南各大城市的一个大问题,胡志明市也不例外。拆迁安置从本质上看,并不是把被拆迁人的居住场所"转移"到另外一个地方,而是把个人、群体、社区的社会生活和城市的社会、经济、文化、人口等再结构(restructuring)、调整的一个复杂过程。换言之,征收土地、房屋拆迁安置是一个社会经济管理和社会发展的必然过程。要强调的是,这一必然过程并不仅指城市改造、更新或居住转移,其深层含义还包括经济结构、劳动力结构、社会结构和人口结构的调整,城市规划、城市发展的"转移"、再结构,以符合本城市的现代化要求。用城市可持续发展的眼光来看,拆迁补偿安置应确保城市的人口、环境、社会、经济和生态的和谐、协调发展。其中最重要的是城市之魂:"人"。拆迁安置归根结底也是为了"人"(包括物质方面与精神方面)。因此,拆迁项目不仅是调整城市规划、城市空间等,关键的是解决因拆迁导致的各种社会问题以及对被拆迁人造成的各个方面的影响。

通过研究近年来胡志明市的拆迁补偿安置工作以及借鉴若干国家及地区(尤其是中国和上海市)的经验,可总结出如下几方面:

第一,胡志明市的拆迁补偿安置工作仍然存在许多问题,需要继续完善:① 拆迁法律法规政策不健全,存在"既剩余又缺乏"的现象。② 拆迁补偿标准过低,永远赶不上市场价格。③ 补偿的程序和流程不当,拆迁补偿评估方法不合理,缺少可供被拆迁人表达利益诉求的途径。④ 拆迁安置政策规定中存在"请给式机制",缺乏公开度和透明度,导致拆迁补偿争议多。⑤ 拆迁法律法规政策中"公共利益"和"经济利益"界定的模糊造成法律漏洞,开发商违约违法的现象屡见不鲜,往往打着"公共利益"的幌子来获利。⑥ 偏重补偿,忽视安置,安置之后工作的相关规定被忽略,使一部分被拆迁人生活受到影响。⑦ 缺乏监督机制与市场因素,拆迁政策宣传不到位、落实不到位,一些干部以权谋私导致被拆迁人对拆迁中的一些官僚作风十分不满。⑧ 过渡期房、暂住房的漫长的工期和简陋造成被拆迁人生活困难;安置区普遍地段偏远、基建简陋、配套不足导致被拆迁人生活不便。⑨ 政策落实不到位,滥用强制手段和暴力强拆,激化矛盾,引发信访和上访等。

第二,根据胡志明市的现状,需要进一步完善拆迁法律法规和相关政策。胡志明市政府和制定法律者应该承认,法律政策有其产生、发展和消亡的过程,目前胡志明市的城市房屋拆迁管理制度效率较低且又落后于实际的需求,必将被新的法律政策取代。因此,凡是制定拆迁新政策的时候,应该遵从下列理念:① 城市拆迁安置并不仅是为了其本身,更是为了"人"与"以人为本"。② 以被拆迁人拆迁后的生活各方面的方便程度、满意度来确定本拆迁成功与否。③ 城市拆迁是城市"大手术",采取暴力强拆手段是"在伤口上撒盐"。④ 城市拆迁并不能把市民的物质和精神都"拆"掉,安置工作应该包括"物质安置"和"精神安置"。

根据越南国情和胡志明市的实际情况,胡志明市拆迁新政策应该遵循"三公"的原则,即"公平、公正、公开"①(公平补偿、公正评估、公开意见);"三合"的理念,即合法、合情和合理;"三接近"的要求,即补偿标准应向市场价格接近,拆迁人应该"接近"被拆迁人②,被拆迁人"接近"拆迁补偿的相关政策和信息③;"三协调"的观点,即拆迁中的利益主体(政府、开发商、被拆迁人)之间相协调,拆迁中的城市规划、城市发展和城市空间(建筑空间与社会空间)相协调,拆迁中的人口、环境和经济相协调。胡志明市拆迁新政策的实施主要采用以下几种手段:法律政策手段、行政手段、经济手段和技术手段。

总之,应该继续研究胡志明市拆迁工作中碰到的种种困难及问题,同时找出有效的解决办法。这就要求政府各级领导、专家学者以及每位市民共同努力,主动地、创造性地作出相关的贡献。

二、完善拆迁补偿安置政策与促进政策落实工作的建议

通过对胡志明市拆迁补偿安置政策及其实践的研究,以及对胡志明市现阶段拆迁现状的深入调查研究,笔者认为,跟越南各大城市相比,胡志明市的征地拆迁工作中有很多突出的亮点和值得借鉴的经验,尤其是在棚户区改造、道路改造和城市新区建设等领域中获得了令人瞩目的成就。但是,在这些成绩之外,也还有不少的"暗点"。为了让"亮点更亮,暗点消除",在本书研究范围内提出以下几个建议。

(一)完善拆迁政策及增强地方政府的权利与责任

众所周知,离市民最近的是地方政府而不是中央政府,比起中央政府,地方政府更懂得和理解市民的需求,在拆迁补偿安置工作中,地方政府扮演

---

① 中国拆迁政策也有类似的规定,但并没有明确"三公"的原则。譬如,中国《国有土地上房屋征收与补偿条例》第三条、《上海市国有土地上房屋征收与补偿实施细则》第三条都规定:"房屋征收与补偿应当遵循决策民主、程序正当、公平补偿、结果公开的原则。"
② 拆迁人应该了解被拆迁人拆迁前与拆迁后等情况才能"将心比心"地解决问题。
③ 目前拆迁人与被拆迁人在拆迁中的信息不对称。

着一个非常重要的角色,其中指导、实施、监管和制裁等是地方政府不可缺少的职责。拆迁项目成功与否、进行快慢等都取决于各级地方政府的努力和决心。所以在这一过程中,地方政府应有一套具有一贯性、统一性、同步性的措施,同时,也要克服前后不一、流于形式的管理方式。如果自上而下地僵化拆迁补偿安置政策和制度,地方政府实施起来就会既非常困难又十分不合理。时下,越南中央政府在征收拆迁中扮演着相关法规和法律的制定者和政策落实指导者的双重角色,地方政府只需按照"母法"将一些相应"子法"进行细化,地方政府没有"创新"的余地,不能(也不需要)有"因地制宜"的空间。譬如,对土地价格评估和调整的工作①,各地方政府应该按照中央政府对土地评估规定的价单来评估地方的补偿价格,但这样一来非常耗时,二来剥夺了地方政府自己的权利。从客观效果来看,一味追求法律政策的统一性,强调全国一律"平等"而不顾各地方之间的差距、区别,中央的拆迁法律政策在某些特殊的情况下与地方经济社会的实际情况是不兼容的,这将阻碍当地拆迁安置工作的进程,影响地方政府的积极性和创新力。因此,越南中央政府只需要制定"法律走廊"或"法律框架",分权、放权和提高地方政府的权利与责任,让地方政府能够按照自己的特殊情况来制定一套更符合当地发展规划、满足当地人民需求的政策,避免处于被动状态,也避免了只是中央政府执法人的情况。中央政府应该在向地方政府放权的同时,加强和约束其责任,这也是拆迁补偿安置政策中最大的改革和开放。当然,我们并不是主张越南63个省市都各有各的拆迁政策,不分上下级,"独立"或"分开"于中央政府,反而是要提高政府在征收拆迁领域内的权利和责任,按照越南30号指令的精神提高基层民主法制建设的空间。这当中的关键是地方政府要在面对问题时发挥自己的能力、创新意识和独立性,找出相关的解决办法。

胡志明市是越南最大最繁荣的城市,有自己的特殊的经济、社会、文化和人口条件,应该按照自己的情况来制定出适合本市的一套好政策,而不是

---

① 每年按照国家的土地价格规定范围来调整决定地方的补偿价格。

——执行中央政府的"拆迁政策模版"。例如,胡志明市的拆迁补偿价格不能等同于其他城市,因为该市市场价格较高(包括房屋价格、土地所有权转让价格等),如果一律按国家价格规定来补偿的话,被拆迁人拿到的补偿金额会买不到像原来那样的住房。因此,中央政府应该给胡志明市政府一个"法律杠杆"来"撬动"难点问题,让胡志明市政府能发挥更大的积极性、主动性做好拆迁补偿安置工作。

(二) 加强拆迁政策落实工作的监管,提高征收拆迁工作透明度

城市拆迁安置不仅仅是某个人的利益或某个群体的利益,还关联到整个城市的经济、文化、社会、建筑的发展与社会和谐稳定。在落实过程中,稍有不慎或不依法执行,那引发的后果就会马上影响到被拆迁人、人民群众甚至城市的经济、社会和安全等方面。近些年来胡志明市因拆迁安置而引发的矛盾、冲突和恶性集体事件等成为目前既敏感又普遍的社会问题。在落实拆迁补偿政策中不顾法规、不按程序、盲目强拆、挪用补偿金、补偿标准低、安置不到位、打着公共利益和发展经济的旗号行违法之事等行为并不罕见,被拆迁人感觉没有知情权,认为拆迁人和官员不通情达理,自己没有表达诉求的渠道。其原因归根结底并不是在于政策条例本身而在于实施落实中的缺乏监管、监督和制裁。

据调查所知,政策落实中缺乏透明度、缺少告知居民和听证等环节是相当普遍的现象。虽然越南法律上强调拆迁项目流程、程序与步骤中要确保人民的知情权、参与权、申诉权和监督权,但可惜的是实施过程中有关部门非但不按照有关规定认真履行程序和听取居民意见,反而故意违反拆迁法规以借机牟利。正因如此,设法加强拆迁监管工作,提高拆迁落实过程中的透明度是胡志明市在拆迁工作中最急迫的任务。确保拆迁落实的透明度应该从保障被拆迁人的知情权、参与权、申诉权和监督权做起。拆迁安置中每个环节都应依法进行,避免拆迁前一晚才知道自己房子被拆迁、拆迁之后也不知道安置区在哪里、补偿标准过低、有不满和困难也不知道问谁等的现象。

公开拆迁相关的政策对被拆迁人来说就是确保"人民知情、人民谈判、

人民检察"的原则[①]。具体来说,在土地征收和房屋拆迁补偿方案报批前要严格履行公告、告知、论证和听取意见等程序,进一步扩大社会公众对征地拆迁工作的参与度,提高工作透明度。在拆迁政策落实的时候,应该做好补偿方案、补偿范围、补偿标准和补偿结果等各个环节的信息公开工作,让被拆迁人在拆迁中感受到的是被"赋予"和"获得"而不是被"掠夺"和"失去",这才是"以人为本"的真正意义。

(三) 拆迁的有关部门的职责要详细规定,确保部门之间的职责协调

根据越南国情和惯例,拆迁补偿安置工作首先依照越南中央政府的《土地法》及其之下各种指令、法令、通告等,然后再按照本地政府的各种决议和相关法律实施细则,胡志明市也不例外。但问题在于,在实施中因各个拆迁有关部门职责的规定不太明确而使得拆迁中处理问题有时出现"踢皮球式"推卸责任的情况。

越南181号、69号法令和胡志明市17号、35号决议等对县级以上地方人民政府负责征收房屋和拆迁补偿安置中实施征收房屋与拆迁安置工作的部门做出具体规定,但对其各项权利和义务没有做出明确的规定,只有原则性、概念性甚至较笼统的定义。越南法律上也规定,县级以上地方人民政府和有关部门应该互相配合,确保土地征收和房屋拆迁工作的顺利进行,但实际上,在政策落实时,有关部门往往呈现出"不合作"的态度,其原因也在于相关的规定没有"可操作化"而只是笼统的规定。因此,在法律制定过程中,需要遵守"详细""可操作""可行"和"明确"的原则,如此才有利于拆迁工作的顺利进行,落实的时候避免难于操作的尴尬情况。要做到这一点,胡志明市政府应对拆迁有关部门、评估单位和拆迁从业人员等进行职业知识与职业道德的培训,其目的在于提高其对拆迁相关法律法规政策的掌握度、拆迁操作的实务能力、职责责任意识及部门之间的职责协调。

根据越南国情和社会制度,市级城市除了政府行政部门(市经济委员

---

① 越南宪法上有这样的规定。

会、市环境与资源委员会、市建设局、市发展与改革委员会等),还有市祖国阵线①组织、市党委各级组织。在征收拆迁工作中,市祖国阵线组织、市党委各级组织也可以通过"党委领导、政府负责、阵线参谋和公众参与"的原则来实现其权力与职责,而并不是"井水不犯河水"。譬如,党委各级组织可以对拆迁补偿安置给出指导方针、决议和工作方案规划;政府各级部门就可制订有关拆迁政策的可操作的具体规定;祖国阵线尤其是青年团、妇女联合会和记者协会作为征收拆迁部门之间的桥梁,可发挥自己监管与敦促拆迁工作依法执行和完成的作用,确保被拆迁人的切身合法利益,避免因拆迁发生矛盾和冲突,若发生就及时解决、化解,避免影响到社会稳定。

目前胡志明市的党组织、政府部门、祖国阵线组织并没有配合好,各自责任、权力和权限间互相"捆绑"。越南共产党六次全国代表大会(六大)已经确定,祖国阵线对党的政策和国家的法律具有监管与反辩的权力。因此,根据目前越南国情与胡志明市的情况,为了完善加强拆迁补偿安置工作,胡志明市应该把祖国阵线作为征收拆迁中的主体之一,其主要的角色是监管拆迁政策落实中的程序和步骤,成为被拆迁人与拆迁人之间的桥梁,动员人民实现国家的政策,同时听取他们的意见、建议甚至不满和矛盾等,从而提出解决矛盾和冲突的途径,避免发生恶性事件。

(四)加强拆迁安置宣传工作力度,确保被拆迁人知情的权利

在拆迁补偿安置工作中,能建立社会共识和认同的宣传工作是最重要的任务之一。从我们调查了解的情况看,目前胡志明市主要存在的问题是,拆迁安置宣传工作不到位,甚至有流于形式的工作作风问题,以致一部分被拆迁人对城市规划、拆迁补偿安置的相关法规政策了解不多。为此,在进行拆迁工作的时候,除了开好动员会外,还要加强相关法规政策的宣传工作,

---

① 越南祖国阵线(越南语:Mặt trận Tổ quốc Việt Nam,相当于中国的政协)是越南共产党领导下的统一战线组织,成立于1955年9月,越南南北方统一后于1977年同越南南方民族解放阵线和越南民族、民主及和平力量联盟合并。其包括:越南共产党、人民军、胡志明共产主义青年团、越南劳动总联合会、妇女联合会、农民协会、盲人协会、针灸协会和记者协会等。

通过宣传让市民尤其是被拆迁人认识和了解到本项目对本市、对他们自己的重要性及其意义,使被拆迁人由被动拆迁转向主动积极地支持拆迁。

拆迁前期是宣传最佳时间,但宣传主体应该明确其任务,宣传途径应多样化。宣传方式、内容、范围和对象等应该灵活和合理,让市民和被拆迁人认识到自己的利益、集体利益、城市利益和国家利益之间的关系。把拆迁安置政策"嵌入"其他政策、社会政治组织与群众运动和小区会议等活动中是宣传工作最有效的做法之一。为了使拆迁安置工作顺利地进行,除了征收拆迁的专业宣传部门[①],还应该邀请祖国阵线组织如农民协会、妇女联合会、青年团甚至宗教组织等一起来参加拆迁宣传工作,以尽可能减少拆迁补偿安置中发生矛盾、冲突、集体事件、信访、上访和各种社会问题。

在这里笔者再强调一下对于拆迁宣传工作的建议:第一,在宣传之前做好拆迁工作宣传方案,譬如指导思想、宣传重点和宣传内容等方面。第二,宣传工作并不是施压、吓唬被拆迁人以便进行拆迁,而是通过宣传工作,把政府拆迁政策"公开化"让被拆迁人知晓,例如:公开征收拆迁补偿安置的有关规定、征收拆迁补偿安置工作的程序、征收土地房屋拆迁和各种附属物补偿情况、拆迁安置方式、拆迁的各种补贴、拆迁中如发生不满需要复议投诉的途径和流程等。第三,宣传时不应该用"古老"和"土"的方式来"灌输"给百姓与被拆迁人。信息时代需要多样化的宣传方式,除了广告牌、横幅、标语和宣传册等方式,还需要在小区开会、通过大众传媒等方式来给予被拆迁人最新、最有利和最切身的拆迁相关信息。第四,拆迁宣传工作并不是要把被拆迁人"捆绑"起来然后"为所欲为",也不是让被拆迁人"一一听话",而是为了给被拆迁人提供拆迁安置有关的政策规定,使被拆迁人消除各种拆迁安置的"盲点",尤其是关联到其切身利益的方面,再者通过宣传,倾听老百姓的意见和建议,征求他们的意见、了解他们的需求等。总之,不

---

① 目前胡志明市的拆迁安置工作,尤其是拆迁前期,并没有所谓的"专业宣传部门"。笔者认为,市政府应该建立一个"拆迁宣传部门"来宣传拆迁工作,或者每个拆迁项目都应该建立"拆迁工作宣传部门"对此拆迁项目在拆迁前期、中期、后期相关的法律规定的信息进行宣传,给被拆迁人一个平等参与的舞台,保障其知情的权利。

仅要宣传更要确保宣传中不能存在"猫腻"现象,其最终的目的,从理论上说,是提高人民生活,确保公平、公正和公开的征收拆迁政策的原则;从实践角度看,是确保百姓和被拆迁人的切身、正当、合法的利益,把被拆迁人在拆迁中的地位从"被动的局外人"转换成"主动的局中人"。

(五)完善拆迁补偿标准的政策,补偿标准必须按照市场价格

补偿安置是土地征收房屋拆迁的核心环节,如何保障被拆迁人得到合理补偿成为胡志明市在政策制定过程中的焦点问题。近几年来,补偿标准已调整提高了金额,补偿方式从"单一"(只是用货币补偿)转向"多元"(货币补偿、产权调换、土地所有权调换等)[①],其中对于货币补偿的方式,除了对被拆迁人的经济损失做出补偿,还对其他无形的精神损失予以经济补偿,并在确定方法与数值上进行量化。这确实是胡志明市补偿政策进一步的改善。可是,实际上拆迁补偿标准并不是提高金额就能立马解决一切因补偿而产生的问题的,问题的关键还是在"公平、公正、公开"的原则上,老百姓对"三公"原则只是一个口号或者流于形式并不满意。

因此,为了完善补偿标准规定,要确保补偿价格能接近市场价格,在掌握和遵守市场价格的同时,补偿标准应该遵守标准化、统一化、"同一项目、同一时间、统一价格"的原则。据观察所知,在胡志明市拆迁补偿有时出现"政出多门"的情况,拆迁主体多样化,拆迁补偿标准也随之出现多样化甚至"五花八门"的乱象,以致"一区多价、一路多价、一物(附属物)多价"等现象时有发生。

考察胡志明市的实际情况,可以看到拆迁补偿方式的多样化或补偿标准随时提高并不一定能解决拆迁补偿的难题。补偿标准本身解决不了"搬得走、走得快"的问题,因为某种具体的补偿方式都有其两面性,长短处并存。从胡志明市拆迁补偿工作的经验看,就货币补偿方式来说,补偿标准的提高是必要的,但笔者认为更重要的是要实现"市场化""标准化"和"绝对

---

① 按照中国《国有土地上房屋征收与补偿条例》第二十一条的规定,目前中国拆迁政策的补偿方式只有两种,即"货币补偿"和"房屋产权调换"。

化"的杠杆。所谓"市场化"就是要根据本城市的不同地段和区位的房地产市场交易价格来制定相关补偿价格。而所谓"接近市场价格"谁说了算是一个大问题,是政府有关部门、开发商还是被拆迁人?目前胡志明市就是由政府来确定"市场价格",这点引发了不少争议,因为相当于政府既是运动员,又是裁判员了。为了公平、公正地制定补偿标准,胡志明市必须允许与建立一个独立客观的第三方评估机构来确定补偿标准,补偿标准是否已接近市场价格,由其做平等的判定,至少给拆迁相关利益主体(尤其是被拆迁人)一个参考价格来对证。所谓"标准化"就是应该按照"同一项目、同一时间、统一价格"的原则,同等地段、同等基地,被拆迁人应该获得同等的补偿。补偿标准在每个项目中一旦确定就不轻易更改,避免产生"前后不一"的不公平现象,也避免某些"钉子户"凭着"持久战"来漫天要价、无理取闹。所谓"绝对化"就是根据越南拆迁补偿的相关规定,为了国防安全、国家利益、公共利益或经济发展的需求,土地使用权被政府收回时给予适当补偿,每个被拆迁人按照法律规定,获得拆迁补偿时都受到法律平等的对待。此外,"绝对化"还指要考虑到被拆迁人的各个方面因拆迁受的影响,依法给予补偿和补贴,例如因拆迁造成的生活与工作等方面的影响和损失,因拆迁导致就医、就学和就业等方面的困难,都可以按照法律规定进行补偿补贴。

(六) 丰富安置方式,采取多元化的安置途径

必须承认,胡志明市政府在拆迁安置方面已经取得了一定的成就,在法律政策方面已经确立相关的具体条款[1],在落实中也获得了值得肯定的成果。但从调查中笔者了解到,目前胡志明市拆迁安置仍然存在不少问题,例如安置区和安置房建设不符合城市规划,也不符合本市居民的生活方式、生活习惯等,前者导致"重复拆迁"的现象,而后者引发"安置的恶性循环"[2];又如有的被拆迁人在"过渡房"暂住等待回迁,却一"过渡"就是十几年时间。这些都使得被拆迁人对安置工作十分不满。因此,在实行拆迁补偿安置过

---

[1] 如胡志明市政府的17号决议第4条、35号决议第6条等。
[2] 拆迁→安置→拆迁。

程中,安置工作是最重要的,因为"安置"可决定被拆迁人"安居"的途径①,可见安置工作不仅是改善被拆迁人的居住条件,而且也是一项关乎民心、民意的重大的惠民工程。

从理论角度看,拆迁安置机制应该根据被拆迁人的不同情况,给出多种安置方式组合,这样才能有效地满足被拆迁人的需要。换言之,丰富安置方式、多元化安置途径是解决安置工作问题的可行和科学的措施。被拆迁人对安置方式有了选择的空间,可选择符合自己的要求和条件的安置方式,就可避免因安置方式匮乏和"一刀切"引发的各种社会问题。

但关键问题是,胡志明市被拆迁人不喜欢产权调换的安置方式②(房子换房子),其主要原因是安置区基础设施建设不好、配套简陋和建房质量有问题等,目前被拆迁人对货币安置方式(土地换现金)很感兴趣③,因为那样就可以自由选择适合自己的安置地点。从这点可以看到,要发展多样化的安置方式是必要的,但必须确保做好与安置问题关联的各个方面工作,如安置区的地点、质量和环境符合被拆迁人的要求。拆迁补偿安置涉及土地、规划、建设、户籍和民政管理等多方面,同时也关系到社会治安、环境整治以及民俗民风等社会问题,因此,安置工作也应该在周全地考虑被拆迁人各个方面的同时,严格执行相关法律法规和政策规定,履行有关程序,遵守"先安置后拆迁"的原则。

另外,应该因地制宜采取多元化安置方式而不是盲目地全市一律执行,政府和有关部门应该引导被拆迁人选择符合本市规划的安置方式。例如在胡志明市的远郊和农村地区,主要采取迁建安置方式,重新安排宅基地建房。因此在拆迁补偿活动中一方面应该要考虑被拆迁的房屋,另一方面也要考虑被征收的宅基地。在城市中心与内环的拆迁安置项目,应该采取"产权调换"的方式,同时安置区基建和配套要严格按照城市规划与法律规定来

---

① 笔者认为,"安居"的含义不仅是解决住房问题,除此以外,还要给居民一个安宁、安静、安定的安置区,以此让被拆迁人可以获得稳定的日常生活与未来发展的条件。
② 调查中仅有约8%的被拆迁人选择该安置方式。
③ 调查中约有52%的人选择该安置方式。

建造。对于道路开阔、棚户区改造采取货币安置方式是最合适的。但对被拆迁的低收入群体要慎重采取货币安置方式,从实践经验可知,在拆迁安置中弱势群体最容易利益受损,也最容易形成"拆二代"甚至是"拆三代"的社会现象:贫穷→棚户区→城市规划和改造→拆迁→安置(不妥)①→棚户区→拆迁。

根据时下胡志明市的情况,安置方式可以有货币安置、产权调换安置、过渡安置、临时安置、迁建安置、小区安置、划地安置、联建安置②、门面安置、廉租房安置③、租房安置④和社会保障性安置房⑤等。但要记住的是,安置方式多样化、"多措并举"的方式并不能随随便便地实施,在落实中应有采选机制,不能仅靠被拆迁人的"感觉"和"灵感"来选择安置方式,更重要的是必须由政府、拆迁有关部门和基层干部等来疏导、引导、定向及"导售"。笔者在考察中得知,安置工作要让被拆迁人乐意接受适合自己的安置(安置区、安置住房),千万不能把被拆迁人"赶"到安置区或者使用行政手段来施压被拆迁人,如果做好了安置工作,安置后遗症就会减少,同时也能合理解决市民用房需求与城市建设规划之间的矛盾和难题。

(七) 加强安置后的管理工作,促进"后拆迁生活"可持续

笔者认为,不管什么样的拆迁项目都可以分为:拆迁前期、拆迁实施期和拆迁后期。拆迁前期包括项目设想、拆迁许可等拆迁规划审批前工作;拆迁实施期包括拆迁补偿、拆迁安置等拆迁审批后工作;拆迁后期包括对拆迁项目的评估,对被拆迁人生活的考察和评估,对被拆迁人安置后的生计以及其他方面所受影响的评估。在一般情况下,政府只"看见"与"做到"上述的

---

① 主要是选择货币安置方式的被拆迁人,他们中的大部分"拿钱走人"后找到"适合"自己(但可能选择违法建筑方式)的地方再形成一个新的棚户区。
② 适用于胡志明市 2、6、12 区等,因这几区人口密度不大,如果市中心翻建老宅、旧城改造就使人口得到分流的机会。
③ 使用在低收入、生活困难群体上的安置方式。
④ 适合单身家庭、低收入家庭、贫穷家庭和补偿金额低家庭(补偿款不足以购买产权动迁房)等的群体。
⑤ 专用于烈属群体、特别困难的市民。

前两者,而后者很容易被忽略。

拆迁安置是一个系统性、关联性很强的工作,从项目立项、拆迁许可、拆迁补偿、拆迁安置、安置后等是一个有机并不可分离的环链。从直观上看,在城市改造、更新过程中,每个拆迁项目最终都是为了城市的面貌也是为了老百姓的"面貌"而进行的。拆迁之后把老百姓的"面貌"给"毁容"了就等于此项目彻底失败了。换言之,城市的发展也是为了"人",而不仅是为了城市本身,任何拆迁项目归根结底都是为了提高城市居民的生活质量,因拆迁扰乱大部分市民的日常生活,导致所谓"城市病"的发生,那么城市拆迁安置抑或是城市更新、改造都没有任何意义了。因此,为了促进拆迁安置项目的顺利进行,加快城市现代化的建设,更改城市面貌,同时必须要考虑到市民的生活质量。拆迁安置过程也是提高市民生活质量难得的机会,由此,在拆迁安置中应该对被拆迁人安置后的各个方面加大"投资"(财力、物力、人力)力度,以被拆迁人安置后的生活满意度作为衡量拆迁补偿安置活动、城市更新和改造进程、城市化中是否维护"以人为本"的原则和理念的标准。要做到这点,市政府、拆迁补偿有关部门、城市管理者、拆迁安置委员会等都需要有长远眼光和现代化管理方式。

总之,拆迁安置并不是某个"单一工程",也不是"作秀工程""面子工程""政绩工程"或"形象工程",更应该将其看作是"人心工程""惠民工程"。因此,拆迁安置不能不顾老百姓的心愿和心情,对被拆迁人安置后的居住、生活、就医和就学等方面更不能忽略,对被拆迁人中的弱势群体要多保护、多考虑,要以被拆迁人"后拆迁生活"的生活指数来衡量拆迁项目的价值和意义。

(八)拆迁时慎用强制执行拆迁,禁止胁迫手段

近年来,在越南若干省份如广南省、广义省、平定省以及胡志明市、海防市、岘港市、芹苴市等大城市,因强制执行土地征收和房屋拆迁而引发的恶性事件屡屡发生。被拆迁人采取种种方式"抗拆":有的跳楼自杀、自焚和自残,有的用裸体、自造爆炸物来阻挠执行,有的聚众围攻执行人员造成群

体性事件,有的甚至因法院干预不当用武器致人死亡等,导致所谓的"拆迁综合征""拆迁癌症"的发生。应该承认,这其中有一些被拆迁人漫天要价、借机闹事,成为"钉子户"或"最牛的钉子户"以获得巨额补偿,还有极少部分被拆迁人大肆贿赂地方政府人员,在进入强拆实施阶段后,鼓动亲戚朋友暴力抗法甚至以自焚相威胁,等等。但不管怎么说,由于强制拆迁会造成被拆迁人财产的损失,是建立在少数人利益损失的基础之上的,应该作为穷尽一切手段后不得已的行为,并且必须由公正的人民法院审判执行,方可显示它的权威性和公平性。

在实践中,为加大拆迁的力度,当政府作出强制拆迁的决定后,往往调动一切权力资源,由政府出面组织,由公安、检察、法院、城建、城管、规划、国土和房管等各部门机构参与实施拆迁。在执行过程中,部分拆迁单位采用恐吓、胁迫以及停水、停电、停止供气和供热等联合手段强迫被拆迁人搬迁,部分执法人员严重违背拆迁执法程序,故意采用暴力和野蛮行为实施强拆,这些行为严重违反新拆迁条例等法律规定,严重危害被拆迁人合法利益,极易导致矛盾激化,必须禁止。

强拆之所以屡屡发生并愈演愈烈,根源在于地方政府歪曲的政绩观、巨大的土地财政收益、拆迁补偿不公平、拆迁安置不合理、安置后工作被忽略以及拆迁双方力量不对等。因此,为了避免或尽可能减少强拆活动,在拆迁过程中(尤其在拆迁补偿、拆迁安置的工作中),要确立"先补偿后拆迁""先安置后拆迁"的制度,坚持"公平、公正、公开"的原则,妥善处理好拆迁中各方利益主体之间的关系[①];在迫不得已需要强拆的情况下必须依法执行,不能侵害公民的合法权益(被拆迁人的居住权、财产权和其他权益),不能影响社会稳定(政府对"钉子户"使用暴力甚至武装手段来执行强拆的同时,"钉子户"也会采取暴力对抗,必然引发越来越多的暴力冲突事件,最终导致社会的不和谐、不安定)。

从法律管理角度来看,应该加强以下几方面的工作:第一,应该明确责

---

① 例如合理适当的补偿,补偿标准按照市场价格来评估,补偿要及时到位;安置方式应多样化,照顾弱势群体并给予社会保障等;加强安置后工作,让被拆迁人的后拆迁生活更稳定、更方便等。

任,严肃追查拆迁中的违法行为,尽力消除其对社会稳定、社会和谐等造成的不良影响,同时严肃追究违法执行的有关法院领导和相关负责人的责任,并予以曝光和通报;第二,严格控制和监管诉讼程序、步骤,避免在受理诉讼的过程中发生舞弊行为。

总之,在拆迁过程中使用强拆手段是不可避免的,但也应该慎用这一手段,避免导致拆迁矛盾激化,引发恶性事件,即使一时找不到拆迁的"无痛手术法",也要让"拆迁之痛"尽可能减少。

参考文献

一、中文

[1] 白丽华,孙兰.城市房屋拆迁管理的问题与对策[J].天津商学院学报,2001(5).

[2] 张文显.二十世纪西方法哲学思潮研究[M].北京:法律出版社,1996.

[3] 常青.城市房屋拆迁估价中的技术难题与对策研究[J].中国房地产,2005(2).

[4] 陈君.征地拆迁——政府主导的博弈[D].杭州:浙江大学,2006.

[5] 陈路.城市房屋拆迁管理条例实施手册[M].北京:科学技术文献出版社,2001.

[6] 陈新民.台湾房屋拆迁的一般处理规则[J].法学,2007(8).

[7] 陈则明.城市更新理念的演变和中国城市更新的需求[J].城市问题,2001(93).

[8] 中华人民共和国国务院令.城市房屋拆迁管理条例[S].1991.

[9] 中华人民共和国国务院令.城市房屋拆迁管理条例[S].2001.

[10] 程建.城市拆迁的行政法律关系分析[J].前沿,2002(12).

[11] 崔赫,华晨.大规模拆迁改革的反思及城市更新开发新策略[J].特区经济,2004(11).

[12] 崔霁,钱建平,方之骥.城市房屋拆迁补偿制度的国际比较及借鉴[J].中国房地产,2006(10).

[13] 崔卓兰,施颜.国家补偿理论与法律制度[J].社会科学战线,1996(4).

[14] 单皓.二战后美国城市的发展[J].城市规划,2003(6).

[15] 丁林."拆迁"在美国[J].社区,2005(8).

[16] 董礼洁.拆迁安置补偿制度的生存保障功能[J].华东政法大学学报,2008(3).

[17] 范利平.物权法对现行城市房屋拆迁制度的影响[J].昆明理工大学学报(社科法学版),2008(11).

[18] 方可.当代北京旧城更新:调查·研究·探索[M].北京:中国建筑工业出版社,2000.

[19] 方耀楣,李俭,崔霁.基于可拓方法的城市拆迁的策略生成[J].哈尔滨工业大学学报,2006(7).

[20] 冯瑞丽.公共利益界定的探讨——以城市房屋拆迁为切入点[D].北京:中央民族大学,2009.

[21] 冯玉军.权利,权利和利益的博弈——中国当前城市房屋拆迁问题与《物权法》的实施[J].学术研究,2008(2).

[22] 冯玉军.权利,权利和利益的博弈——中国当前城市房屋拆迁问题的法律与经济分析[J].中国法学,2007(4).

[23] 弗利德里希·冯·哈耶克.法律、立法与自由[M].邓正来,等,译.北京:中国大百科全书出版社,2000.

[24] 国务院法制办农林城建资源环保法制司,住房和城乡建设部政策法规司,住宅与房地产业司.城市房屋拆迁管理条例释义[M].北京:知识产权出版社,2001.

[25] 罗希,Diana Williams.哈瓦那古城可持续发展策略——以居民和游客利益为本[J].国际城市规划,1998(3).

[26] 何虹.完善中国城市房屋拆迁补偿范围的思考[J].城市发展研究,2006(5).

[27] 闵一峰.市场经济条件下拆迁政策取向与立法选择[J].中国房地产,2004(2).

[28] 闵一峰.城市房屋拆迁补偿制度的经济学分析[D].南京:南京农业大学,2005.

[29] 闵一峰,吴晓洁,黄贤金,许蕾.城市房屋拆迁主体行为的博弈分析[J].中国房地产,2005(4).

[30] 贺蕊莉.城市房屋拆迁补偿的理论标准与财富逆向转移[J].财经问题研究,2006(8).

[31] 塞缪尔·亨廷顿.变革社会中的政治秩序[M].李盛平,等,译.北京:华夏出版社,1988.

[32] 户邑.中国城市房屋拆迁的制度性障碍分析[J].理论前沿,2005(4).

[33] 户邑.城市拆迁运作机制研究[D].重庆:重庆大学,2005.

[34] 黄信境.城市房屋拆迁中的利益关系及利益博弈[J].广东行政学院学报,2005(4).

[35] 黄祖辉,汪晖.非公共利益性质的征地行为与土地发展权补偿[J].经济研究,2002(5).

[36] 季永蔚.论我国城市房屋拆迁制度的完善[J].城市发展研究,2005(2).

[37] 江南,张琪.强制拆迁法律问题研究[J].湖南公安高等专科学校学报,2009(4).

[38] 姜开勤.征用土地增值收益分配分析[J].农业经济,2004(10).

[39] 金怒江.美国城市经理制——从体制到人员的综合研究[D].上海:上海交通大学,2009.

[40] 雷张.城市拆迁中的利益冲突及其调整[J].北京社会科学,2006(1).

[41] 李鼎新,李海峰.简明管理学教程[M].北京:科学出版社,2004.

[42] 李广彬,李婷.城市拆迁中的政府职能定位[J].现代城市研究,2004(3).

[43] 李家才.拆迁分流:从源头上约束城市房屋拆迁[J].改革,2005(1).

[44] 李建波,张京祥.中西方城市更新演化比较研究[J].城市问题,2003(5).

[45] 李延涛.行政管理思想的形成与演变[M].成都:西南交通大学出版社,2001.

[46] 李钟书.从房屋拆迁估价谈中国城市拆迁立法走向[J].中国房地产,

2004(5).

[47] 梁胜.城市拆迁公权私权大博弈[J].发展,2004(9).

[48] 廖俊平.房屋拆迁估价的几个重要问题[J].中国房地产,2004(1).

[49] 刘海腾,周俭,何争春.城市拆迁管理难题及对策初探[J].河海大学学报(哲学社会科学版),2004(4).

[50] 刘韶岭.城市房屋拆迁中土地使用权价值补偿的显化[J].城市发展研究,2006(3).

[51] 刘燕萍.征地制度创新与合理补偿标准的确定[J].中国土地,2002(2).

[52] 卢丽华.加拿大土地征用制度及其借鉴[J].中国土地,2000(8).

[53] 卢新海,黄善林.拆迁评估中存在的问题及解决途径[J].城市问题,2007(1).

[54] 马丁·奥斯本.博弈论教程[M].魏玉根,译.北京:中国社会科学出版社,2000.

[55] 马怀德.国家赔偿法的理论与实务[M].北京:中国法制出版社,1994.

[56] 倪峰.博弈论视角的城市拆迁问题分析[J].太原城市职业技术学院学报,2007(1).

[57] 欧光耀,朱林生.论城镇房屋拆迁中的政府失灵[J].重庆工商大学学报(社会科学版),2006(3).

[58] 彭慧.旧城改造中城市政府的角色定位分析[J].理论月刊,2007(12).

[59] 彭小兵,谭蓉,户邑.城市拆迁纠纷的博弈分析及对策建议[J].重庆大学学报(社会科学版),2005(5).

[60] 彭小霞.城市拆迁中强制拆迁制度的反思与重构[J].城市发展研究,2009(5).

[61] 蒲杰,余斌.房屋拆迁权的滥用与预防[J].现代法学,2002(4).

[62] 饶春平.城市房屋拆迁补偿估价研究[J].中国房地产,2002(3).

[63] 邵慰.城市房屋拆迁制度研究——新制度经济学的视角[D].大连:东北财经大学,2010.

[64] 施国庆,盛广恒,蔡依平.城市房屋拆迁补偿制度的缺陷[J].城市问

题,2004(4).

[65] 施晓兰.对新时期城市房屋拆迁中政府管理的几点建议[J].中国房地产,2003(10).

[66] 宋雅芳.试论财产征用的公共目的[J].河南社会科学,2005(1).

[67] 苏华山.城市商业拆迁的市场主导式补偿机制研究[J].现代经济,2007(9).

[68] 孙曙生,刘涛.论行政公共权力的限度及其法律规制——以政府参与房屋拆迁案为对象的考察[J].国家行政学院学报,2007(1).

[69] 唐代中.上海城市房屋拆迁研究[D].上海:同济大学,2007.

[70] 唐代中,马卫锋.基于演化博弈的城市拆迁补偿机制研究[J].财贸研究,2007(6).

[71] 田丽娜.我国城市更新的决策机制分析[D].济南:山东大学,2009.

[72] 童岩,方可.是历史在重演吗?——从美国的"城市更新"到中国的"旧城改造"[J].经济理论与经济管理,2008(12).

[73] 万勇.论上海中心城旧住区更新的调谐机制[D].上海:同济大学,2005.

[74] 王才亮.房屋拆迁实务[M].北京:法律出版社,2002.

[75] 王成国.城市房屋拆迁补偿问题研究[J].北京房地产,2002(10).

[76] 王达.房屋征收拆迁制度研究[D].北京:中国政法大学,2008.

[77] 王君.城市改造问题研究[D].大连:东北财经大学,2002.

[78] 王克先.房屋拆迁中土地使用权争议研究[J].律师世界,2001(9).

[79] 王如渊.西方国家城市更新研究综述[J].西华师范大学学报(哲学社会科学版),2004(2).

[80] 王文宝.城市房屋拆迁中的政府失灵及其对策[J].产业与科技论坛,2011(3).

[81] 王文普.征地拆迁中的政府行为分析[J].广西财政高等专科学校学报,2005(3).

[82] 王小霞.拆迁成"扰民工程" 专家建议提高补偿标准[N].中国经济时报,2003-11-12.

[83] 吴访非,毕岩,王慧丽.对城市房屋拆迁补偿问题的思考[J].沈阳建筑大学学报(社会科学版),2006(10).

[84] 吴维佳.对旧工业地区进行社会、生态和经济更新的策略[J].国外城市规划,1999(3).

[85] 中华人民共和国主席令.中华人民共和国物权法[S].2007.

[86] 肖水兰.地方政府在商业性房屋拆迁中的角色研究[D].北京:中国政法大学,2009.

[87] 徐凡.城市房屋拆迁区位综合价格评估研究[J].中国房地产估价师,2004(8).

[88] 许燕.论城市房屋拆迁的行政法规制[J].法学论坛,2004(5).

[89] 薛姝,周晖.基于假设开发法的房地产拆迁评估思考[J].湖南城市学院学报,2005(6).

[90] 燕玲.城市房屋拆迁法律制度研究[D].济南:山东大学,2006.

[91] 杨承志.广州市旧城改造房屋拆迁流程再造研究[D].武汉:华中科技大学,2010.

[92] 杨帆,王晓鸣,陈亮.基于复杂适应系统的旧城改造利益共生参与机制[J].华中科技大学学报(城市科学版),2005(3).

[93] 杨飞.保护"拆迁户利益"是政府职责[J].中州建设,2003(11).

[94] 杨开力.论建立城市更新的有效机制[D].济南:山东大学,2007.

[95] 杨瑞荣,孙光卫.浅议房屋拆迁补偿中等价交换的缺陷及对策[J].中国房地产,2004(11).

[96] 杨亦乔.城市拆迁补偿的价值基础及其量的确定[J].中国房地产,2002(5).

[97] 杨宇东.对城市房屋拆迁补偿价格评估的几点思考[J].建筑经济,2007(10).

[98] 依广,闵一峰.城市房屋拆迁补偿制度创新的法律政策障碍分析[J].现代经济探讨,2005(7).

[99] 殷成志.德国城市建设中的公众参与[J].城市问题,2005(4).

[100] 袁卫东.地价·拆迁成本·制度选择[J].中国房地产,2003(10).

[101] 曾国平,许俊桦. 政府在城市拆迁中的角色定位[J]. 云南行政学院学报,2004(3).

[102] 张承银. 中美城市房屋拆迁制度的比较与思考[J]. 城市房屋拆迁,2005(8).

[103] 张逢太. 城市房屋拆迁中的问题及其对策[J]. 中国房地产,1998(9).

[104] 张更立. 走向三方合作的伙伴关系:西方城市更新政策的演变及其对中国的启示[J]. 城市发展研究,2004(4).

[105] 张汉,宋林飞. 英美城市更新之国内学者研究综述[J]. 城市问题,2008(2).

[106] 张豪. 论房屋拆迁中土地使用权的收回模式——香港的启示[J]. 中国土地科学,2009(5).

[107] 张军涛,刘建国. 城市房屋拆迁改造对居民生活影响研究[J]. 财经问题研究,2008(1).

[108] 张良桥. 进化稳定均衡与纳什均衡——兼谈进化博弈理论的发展[J]. 经济科学,2001(3).

[109] 张良桥,等. 理性与有限理性:论经典博弈理论与进化博弈理论之关系[J]. 世界经济,2001(8).

[110] 张泓铭,贺耀祖. 城市房屋拆迁若干问题探讨[J]. 中国房地产,2005(5).

[111] 张涛. 新加坡城市规划建设管理思考[J]. 中国建设信息,2003(9).

[112] 张祥. 我国城市房屋拆迁中的利益冲突及调整[D]. 大连:东北财经大学,2010.

[113] 张晓玲. 对城市建设拆迁中土地制度的思考[J]. 城市规划,2006(30).

[114] 张燕玲. 城市房屋拆迁法律制度研究[D]. 济南:山东大学,2006.

[115] 张垣平. 为改革、发展、稳定做好地政拆迁管理工作[J]. 北京房地产,1995(7).

[116] 赵芮浩. 强制拆迁相关问题研究——兼评《国有土地上房屋征收与补偿条例》[D]. 北京:中共中央党校,2011.

[117] 赵松. 越南的土地征用、收回与补偿[J]. 国土资源,2007(8).

[118] 周中华. 城市房屋拆迁中的公共利益研究[D]. 上海:复旦大学,2008.

[119] 朱东恺,施国庆. 城市建设征地和拆迁中的利益关系分析[J]. 城市发展研究,2004(3).

二、越南文

[1] Báo cáo của Đại học Wolver Hampton[R]. *Kinh nghiệm quốc tế về các phương pháp tiếp cận sinh kế bền vững*,2002.

[2] Binnie Black & Veatch. Nghiên cứu khả thi-Dự án Cải Thiện vệ sinh và nâng cấp đô thị lưu vực kênh Tân Hóa - Lò Gốm[R]. Binnie Black & Veatch,2008.

[3] BQLDA 415. Báo cáo cuối cùng[R]. tháng 5/2006.

[4] BQLDA 415. Lượng giá 2001[R]. 2001.

[5] Đỗ Hậu. Sự tham gia của cộng đồng dân cư trong công tác quy hoạch đô thị Việt Nam[J]. Tạp chí Xã hội học,2000(3).

[6] Frannie A.Léautier (chủ biên),Đô thị trong thế giới toàn cầu hóa[M]. Hà Nội:NXB Chính trị Quốc gia,2006.

[7] Han Verschure, Nguyễn Minh Hòa. Đánh giá và đề xuất cho dự án thí điểm tái định cư và hạ tầng, nâng cấp đô thị và cải thiện vệ sinh kênh Tân Hóa-Lò Gốm[M]. Hà Nội:Nhà xuất bản Đại học Quốc gia Thành phố Hồ Chí Minh,2006.

[8] Keith D. Perry. Nghiên cứu khả thi Cải tạo đô thị toàn diện trong lưu vực kênh Tân Hóa, Lò Gốm TP.HCM[R]. Nhà xuất bản Đại học Quốc gia Thành phố Hồ Chí Minh, năm 2004.

[9] Koos Neefjes. Môi trường và sinh kế, các chiến lược phát triển bền vững[M]. Hà Nội:NXB Chính trị Quốc gia,2003.

[10] Lê Ngọc Hùng. Xã hội học Kinh tế[J]. Tạp chí Lý luận Chính trị, 2004(2).

[11] Neil J. Smelser (Biên dịch: Bùi Thế Cường). Cái hợp lý và tình cảm hai chiều trong khoa học xã hội[M]. Hà Nội: Nhà xuất bản Đại học Quốc gia Hà Nội, 1998.

[12] Ngân hàng phát triển châu Á (ADB). Cẩm nang về tái định cư-Hướng dẫn thực hành[M]. Hà Nội: Nhà xuất bản Chính trị Quốc gia, 1995.

[13] Ngân hàng Thế giới. Involuntary Resettlement[M]. Hà Nội: Nhà xuất bản Chính trị Quốc gia, 2001.

[14] Ngân hàng Thế giới. Involuntary Resettlement[M]. Hà Nội: Nhà xuất bản Chính trị Quốc gia, 2001.

[15] Ngân hàng Thế giới. World Bank Resettlement Policy[M]. Hà Nội: Nhà xuất bản Chính trị Quốc gia, 2001.

[16] Nghị định 181/2004/NĐ-CP ngày 29/10/2004 của Chính phủ về Thi hành luật đất đai[S].2004.

[17] Nghị định 197/2004/NĐ-CP ngày 3/12/2004 của Chính phủ về Bồi thường, hỗ trợ tái định cư khi Nhà nước thu hồi đất[S].2004.

[18] Nghị định 22/1998/NĐ-CP ngày 24/4/1998 của Chính phủ về Việc đền bù thiệt hại khi Nhà nước thu hồi đất để sử dụng vào mục đích quốc phòng, an ninh, lợi ích công cộng[S].1998.

[19] Nghị định 69/2009/NĐ-CP ngày 13/8/2009 về Qui định bổ sung về qui hoạch sử dụng đất, giá đất, thu hồi đất, bồi thường, hỗ trợ và tái định cư[S].2009.

[20] Nghị định 84/2007/NĐ-CP ngày 25/5/2007 của Chính phủ về Qui định bổ sung về việc cấp Giấy chứng nhận quyền sử dụng đất, thu hồi đất, thực hiện quyền sử dụng đất, trình tự, thủ tục bồi thường, hỗ trợ, tái định cư khi Nhà nước thu hồi đất và giải quyết khiếu nại về đất đai[S].2007.

[21] Nghị quyết 18/NQ-TU của Ban Thường vụ Thành ủy Tp. HCM[S].

[22] Nghị quyết 22/1998/NĐ - CP của Chính phủ[S].

[23] Nguyễn Hồng Sơn. Nguyên cứu sự biến đổi về mực sống của đối tượng tái định cư trong các dự án ở Đà Nẵng[M]. Đề tài cấp Nhà nước, 2009.

[24] Nguyễn Hữu Minh. Đô thị hóa ở Việt Nam những năm 90: Một số đặc trưng kinh tế-xã hội cơ bản[J]. Tạp chí Xã hội học, 2002(1).

[25] Nguyễn Minh Hòa. Mô hình phát triển ở trung tâm TP. HCM hiện nay[M]. Tp. HCM: NXB Đại học quốc gia Hồ Chí Minh, 2005.

[26] Nguyễn Minh Hòa. Nghèo đói ở Đông Nam Á, hợp tác và chia sẻ thông tin[M]. Tp. HCM: NXB Đại học quốc gia Hồ Chí Minh, 2007.

[27] Nguyễn Quang Vinh. Những vấn đề xã hội trong quá trình cải tạo và chỉnh trang đô thị: giảm thiểu tổn thương đối với nhóm yếu thế[J]. Tạp chí Xã hội học, 2011(1).

[28] Nguyễn Thị Ngọc Diệp. Báo cáo giám sát tổng quan - Tác động Tái định cư, Nâng cấp đô thị[R].2006.

[29] Nguyễn Thị Thiềng, Phạm Thúy Hương, Patrick Gubry chủ biên, Đô thị Việt Nam trong thời kỳ quá độ[M]. Hà Nội: NXB Thế giới, 2006.

[30] Nhóm chuyên gia quốc tế và Việt Nam. Báo cáo đánh giá cuối cùng về dự án thí điểm tái định cư và hạ tầng trong dự án Nâng cấp Đô thị và Cải thiện vệ sinh kênh Tân Hóa-Lò Gốm[R]. 2006.

[31] Phạm Đi. Dư luận xã hội và ổn định xã hội[J]. Tạp chí Lí luận chính trị và truyền thông, 2010(11).

[32] Phạm Đi. Hoàn thiện chính sách nhà ở, đất ở, đất sản xuất cho người tái định cư[J]. Tạp chí sinh hoạt lí luận, 2010, 5(102).

[33] Phạm Đi. Nhận thức lại về quản lí đô thị[J]. tạp chí người đô thị, 2011(94).

［34］Phan Huy Xu. Đời sống xã hội của người dân thuộc diện Tái định cư ở Thành phố Hồ Chí Minh：Thực trạng và giải pháp［M］. Tp. HCM：Nhà xuất bản đại học Quốc gia Thành phó Hồ Chí Minh，2005.

［35］Phan Xuân Biên，Hồ Bá Thâm，Phan Minh Tân（đồng chủ biên）. Nâng cao hiệu lực quản lý đô thị Tp. Hồ Chí Minh［M］. TP. HCM：TP.HCM NXB，2004.

［36］Richard T.Schaefer. Xã hội học［M］. Hà Nội：NXB Thống kê,2003.

［37］Thái Thị Ngọc Dư. Kết quả điều tra kinh tế xã hội 400 hộ［R］.1999.

［38］Trần Ngọc Hiên、Trần Văn Chử(đồng chủ biên). Đô thị hóa và chính sách phát triển đô thị trong công nghiệp hóa, hiện đại hóa ở Việt Nam［M］. Hà Nội：NXb Chính trị Quốc gia，1996.

［39］Trịnh Duy Luân. Tìm hiểu Xã hội học Đô thị［M］. Hà Nội：NXB KHXH，1996.

［40］Võ Hưng.Vệ sinh môi trường và điều kiện sống của người tái định cứ ở Thành phố Hồ Chí Minh［R］.2003.

［41］Vũ Quang Hà. Các lý thuyết Xã hội học(tập 1)［M］. Hà Nội：NXB ĐHQG 2001.

三、英文

［1］Seong-Kyu Ha. Substandard settlements and jointer development projects in Seoul［J］. Habitat International，2001(25).

［2］David Admasa，E. M. Hastings. Urban renewal in Hong Kong transition for development corporation to renewal authourity［J］. Land Use Policy，2001(18).

［3］R.Selten, Evolutionary Stabilsty Extensive Two-person Games：Correction and Further Development［J］. Mathematieal Social Science,1980(16).

[4] Raco Mike. Business associations and the politics of urban renewal: The case of the Lower Don Valley[J]. Sheffield.Urban stud, 1997, 34(3).

[5] RD. Taylor, ete. Evolutionarily Stable Strategiesand Game Dynamies[J]. Mathematieal Bioseienee, Vol.40(1978).

[6] Jodi Wilgoren. Detroit Urban Renewal Without the Renewal [N]. New York Times [Late Edition (East Coast)]. Jul 7, 2002.

[7] Borgers. T, ete, Learning through Reinrorcement and Replicator Dynamies[J]. Joumal of Eeonomic Theory, 1997, 77(1).

[8] W. Weibull, Evolutionary Game Theory [M]. Cambridge: MIT Press, 1995.

[9] Lewis Mumford. The city in history its Orogins. Its Transformation and its Prospects[M]. New York: Harcourt, Brace & World, 1961.

[10] J.Swinkels. Adjustment Dynamics and Rational Play in Games [J]. Games and Economic Behavior, No. 5(1993).

[11] D.Foster, ete. Stochastic Evolutionary Game Dynamics [J]. Theoretical Population Biology, No.38 (1990).

[12] M.Kosfeld, Why Shop Close Again: An Evolutionary Perspective on the Deregulation of Shopping Hours[J]. European Economic Review, Vol.46 (2002).

[13] Kanshik Basu, Civill Institutions and Evolution: Concepts, Critique and Models[J]. Joumal of Development Economies, Vol. 46 (1995).

[14] J.Jacobs. The Death and Life of Great American Citis[M]. New York: Random house.1961.

[15] J. M. Guttman, On the Evolutionary Stability of Preferences for Reciprocity[J]. European Joumal of Political Economy, Vol.16 (2000).

[16] C. Alexander. The City is not a Tree[J]. Architectural Forum, Vol.122(1965).

[17] E. F. Shumacher. Small is Beautiful: Ecomomics as if People mattered[M]. New York: Harper & Row,1973.

[18] Colin Rowe & Fned Koetter. Collage City[M]. Cambridge: MT Press, 1975.

[19] Gradam Towers. Building Remocracy a Casebook of Community Architecture[M]. London: UCL. Press.1995.

[20] Naomi Carmon. Three generation of urban renewal policies analysis and policy implications[J]. Geoforum,1999(30).

[21] Gerben Hellenman. Frank Wassenberg. The renewal of what was tomorrow's idealistic city. Amsterdam's Bijlmermeer high-rise [J]. Citise, Vol.21(2004).

[22] Bettina Reimann. Consequeces of the restitution principle for urban development and urban renewal in East Berlin's inner-city residental areas [J]. Applied Geography, Vol.17(1997).

[23] Seong-Kyu Ha. Substandard dettlements and joint redevelopment projects in Seoul [J]. Habit International, 2001(25).

[24] David Adamsa. E.M. Hastings. Urban Renewal in Hong Kong Transition from Development Corporation to Renewal Authority [J]. Land Use Policy, 2001(18).

[25] H.S.Bierman, L. Fernandez. Game Theory with Ecomomic Application[M]. Addison Wesley Publishing Company. Inc, 1998.

[26] Tim Williams. Demolishing bariers to renewal[N]. Regeneration & Renewal, Sep 17, 2004.

[27] Zhiyong Wang, Zuliang Yuan. Forced demolitions, blur rights [N]. China Daily (North Americaned), Apr 21, 2004.

[28] Erik Eckholm, Sadly. There Goes the neighborhood. There's no

stopping "Urban renwal"[N]. New York Times[Late Edition (East Coast)], May 26, 2003.

[29] Selten R. A simple Model of imperfect Competition. Where 4 are Few and 6 are Many [J]. International Journal of Game Theory. 1973, 2(1).

四、网络

[1] http://dictionary.reference.com/browse/livelihood

[2] http://dictionary.reference.com/browse/resettlement

[3] http://www.baomoi.com/Home/DauTu-QuyHoach

[4] http://www.hochiminhcity.gov.vn

[5] www.cngdsz.net

[6] http://www.urbanchina.org/

[7] http://www.chinacity.org.cn/

[8] http://www.cityofchina.org/

[9] http://www.zgcsjs.org.cn/

[10] http://www.curb.com.cn/

[11] http://www.zgghw.org/

[12] http://vietbao.vn/Xa-hoi/Do-thi-hoa-o-VN-va-TPHCM-nhanh-hay-cham/40020060/157/

附录一 被拆迁人的调查问卷

您好！为了深入了解胡志明市的城市更新与改造工程，我们正在对城市房屋拆迁补偿安置问题进行研究，该研究是对贵区被拆迁人情况的调研摸底。希望能够得到您的全力配合，客观填写一下问卷。我们承诺会对您的私人信息进行保密。谢谢！

一、被调查者基本情况

1. 居住区县：_____
2. 家庭人数：_____
3. 安置人数：_____
4. 目前家庭成员失业人数：_____
5. 性别：□$_1$男　　□$_2$女
6. 宗教信仰情况：□$_0$无宗教、信仰　　□$_1$佛教　　□$_2$天主教
　　　　　　　　□$_3$新良教　　□$_4$伊斯兰教　　□$_5$高台教
　　　　　　　　□$_6$和好教　　□$_7$其他
7. 户口情况：□$_1$常住户口（KT1+2）
　　　　　　□$_2$无限制时间的暂住（KT3）
　　　　　　□$_3$有限制时间的暂住（KT4）
　　　　　　□$_4$没有本市的户口与暂住证（KT5）
8. 转到本安置区时间：_____

9. 年龄(写出您出生时间)：_____

10. 文化程度：□₁小学　　　　□₂中学　　　　□₃大学以上

11. 职业：　　□₁行政机关　　□₂事业单位　　□₃企业

　　　　　　□₄自由职业者　□₅下岗或失业　□₆其他

二、调查问题

下面有22个问题，请您在选定的序号上面画"√"。

1. 您对现有拆迁补偿安置的相关政策的评价是：

□₁很完善　　□₂较完善　　□₃不完善　　□₄难说

2. 您认为目前拆迁政策中存在的主要问题是：(可多选)

□₁安置不合理　　　　　　□₂补偿标准低

□₃拆迁行为不规范　　　　□₄政府行政行为公开透明度不够

□₅对弱势群体照顾措施不周　□₆拆迁政策不统一

□₇其他_____

3. 您对拆迁过程当中政府部门工作的评论是：

□₁满意　　□₂基本满意　　□₃不太满意　　□₄不满意

□₅没意见

4. 您认为政府部门在拆迁工作中存在的主要问题是：

□₁拆迁政策宣传不到位　　□₂拆迁政策前后不一致

□₃执行缺乏人性化　　　　□₄其他(请注明)_____

5. 您觉得现在的住宅环境与以前相比：

项　目	比以前好	不变	比以前差	不知道
a. 收入方面	□₁	□₂	□₃	□₄
b. 住宅条件	□₁	□₂	□₃	□₄
c. 交通方面	□₁	□₂	□₃	□₄
d. 用电方面	□₁	□₂	□₃	□₄

(续表)

项　　目	比以前好	不变	比以前差	不知道
e. 用水方面	□₁	□₂	□₃	□₄
f. 对子女教育方面	□₁	□₂	□₃	□₄
g. 人身安全方面	□₁	□₂	□₃	□₄
h. 医疗方面	□₁	□₂	□₃	□₄

6. 跟以前(还没动拆迁)相比,您的工作情况有何变化?

时期 \ 项目	有一份稳定的工作	有一份工作但不稳定	没有工作
a. 拆迁之前	□₁	□₂	□₃
b. 拆迁之后	□₁	□₂	□₃

7. 跟以前(还没动拆迁)相比,您觉得现在安置地点是:

□₁ 比以前方便　　　　　□₂ 没差别

□₃ 没有以前方便　　　　□₄ 难说

8. 跟以前(还没动拆迁)相比,您觉得:

a. 您家里的小孩:

□₁ 比以前乖　　　□₂ 不变　　　□₃ 比以前差

b. 在安置区的其他小孩:

□₁ 比以前乖　　　□₂ 不变　　　□₃ 比以前差

9. 对于安置区目前的宗教状况,您认为:

项　　目	满意	不满意	难说
a. 安置区的宗教基础建设	□₁	□₂	□₃
b. 信徒之间的关系	□₁	□₂	□₃
c. 信徒们与地方政府的关系	□₁	□₂	□₃

10. 跟以前相比,下列问题在安置区内是否有所变化?

现　　象	评　　价		
a. 买卖毒品、吸毒	增多 □₁	不变 □₂	减少 □₃
b. 卖淫	增多 □₁	不变 □₂	减少 □₃
c. 交通事故	增多 □₁	不变 □₂	减少 □₃
d. 打架	增多 □₁	不变 □₂	减少 □₃
e. 小偷	增多 □₁	不变 □₂	减少 □₃
f. 酗酒	增多 □₁	不变 □₂	减少 □₃
g. 盗窃	增多 □₁	不变 □₂	减少 □₃
h. 杀人	增多 □₁	不变 □₂	减少 □₃

11. 越南中央政府的 197/2004/NĐ-CP 法令第 35 条第 3 款和胡志明市 35 号决议第 49 条第 1 款都指出："对于政策家庭、早搬迁的户、原来居住位置比较好的户，政府需要对其加大补偿力度"。对于该政策而言，您觉得政府部门落实程度如何？

　　□₁ 已落实 100%　　□₂ 已落实 50% 以上　　□₃ 已落实小于 50%

12. 越南中央政府的 197/2004/NĐ-CP 法令第 34 条第 2 款和胡志明市 35 号决议第 3 条都指出："在布置给被拆迁户和个人的建筑用地之前，同时应当提前做好新安置区，让被拆迁户在新安置区的生活条件、生活水平比原来的更好或不差于原来的"。您觉得政府部门落实程度如何？

　　□₁ 已落实 100%　　□₂ 已落实 50% 以上　　□₃ 已落实小于 50%

13. 您对政府的拆迁补偿安置的相关政策评价是：

　　□₁ 很符合　　□₂ 基本符合　　□₃ 不符合　　□₄ 不知道

14. 对于政府拆迁补偿的具体政策，您评价如何？

项　　目	合理	基本合理	不合理	不知道
a. 对房屋价格补偿标准	□₁	□₂	□₃	□₄
b. 对耕地价格补偿标准	□₁	□₂	□₃	□₄
c. 对被拆迁人的宅基地补偿政策	□₁	□₂	□₃	□₄
d. 对被拆迁人的耕地补偿政策	□₁	□₂	□₃	□₄

(续表)

项　　目	合　理	基本合理	不合理	不知道
e. 对被拆迁人生活与劳务补贴政策	□₁	□₂	□₃	□₄
f. 对被拆迁人的就业补贴政策	□₁	□₂	□₃	□₄
g. 对从事个体工商业的被拆迁户的补贴政策	□₁	□₂	□₃	□₄
h. 其他的（请注明）	□₁	□₂	□₃	□₄

15. 您对目前的安置区的以下几个方面评价如何？

项　　目	好	一般	不好	不知道
a. 安置区的总体规划	□₁	□₂	□₃	□₄
b. 安置区的道路、下水道、水电的质量	□₁	□₂	□₃	□₄
c. 安置区的学校、医院建筑的质量	□₁	□₂	□₃	□₄
d. 安置区的自然环境	□₁	□₂	□₃	□₄
e. 安置区的卫生条件	□₁	□₂	□₃	□₄

16. 搬迁到安置区的前后，您家庭遇到的困难：（如有困难请画"√"）

项　　目	安置之前	安置之后
a. 就业方面	□₁	□₂
b. 做生意方面	□₁	□₂
c. 建筑房子方面	□₁	□₂
d. 子女入学方面	□₁	□₂
e. 户口登记方面	□₁	□₂
f. 有无学校	□₁	□₂
g. 就近入学	□₁	□₂
h. 有无医院	□₁	□₂
i. 就近看病	□₁	□₂
j. 离地方政府太远	□₁	□₂

(续表)

项　　目	安置之前	安置之后
k. 电视信号	□₁	□₂
l. 广播信号	□₁	□₂
m. 生活用电	□₁	□₂
n. 具备生活用电但质量不好	□₁	□₂
o. 生活用水	□₁	□₂
p. 具备生活用水但质量不好	□₁	□₂
q. 交通	□₁	□₂
r. 离亲属家族很远	□₁	□₂
s. 其他	□₁	□₂

17. 您对现在安置地点以下几个方面满意度如何？

项　　目	满意	不满意	不知道
a. 城市的文化文明	□₁	□₂	□₃
b. 亲属的关系	□₁	□₂	□₃
c. 邻居的关系	□₁	□₂	□₃
d. 有关部门与动迁户的关系	□₁	□₂	□₃

18. 搬迁之后，以下几个方面的问题您和您家人有没有遇到？

项　　目	有	没　有
a. 交通困难	□₁	□₂
b. 道路质量不好	□₁	□₂
c. 交通拥堵比以前多	□₁	□₂
d. 因搬迁而转换工作	□₁	□₂
e. 因搬迁而家庭总收入下降	□₁	□₂
f. 因搬迁而家庭总支出提高	□₁	□₂
g. 因搬迁而家庭做生意有困难	□₁	□₂

(续表)

项　目	有	没　有
h. 目前居住环境比以前差	☐1	☐2
i. 其他困难	☐1	☐2

19. 在拆迁过程中,您对拆迁有关部门的满意度如何?

项　目	非常满意	满意	不太满意但可接受	完全不满意
a. 对房屋以及相关财产的估值	☐1	☐2	☐3	☐4
b. 对房屋和财产的补偿标准	☐1	☐2	☐3	☐4
c. 对补偿政策落实的方案	☐1	☐2	☐3	☐4
d. 对搬移的补贴政策	☐1	☐2	☐3	☐4
e. 对就业及转换工作的补贴政策	☐1	☐2	☐3	☐4
f. 对定向工作和就业教育的政策	☐1	☐2	☐3	☐4
g. 对个体工商户的贷款政策	☐1	☐2	☐3	☐4

20. 目前的安置区离原来居住的地方大概(千米):＿＿＿＿＿＿＿＿＿

21. 如果没有什么隐瞒的话,您家庭最新动迁收到的补偿总额是(请写出总额):＿＿＿＿＿＿＿＿＿

22. 您认为什么属于公共利益?

＿＿＿＿＿＿＿＿＿＿＿＿＿＿＿＿＿＿＿＿＿＿＿＿＿＿＿＿＿＿＿

＿＿＿＿＿＿＿＿＿＿＿＿＿＿＿＿＿＿＿＿＿＿＿＿＿＿＿＿＿＿＿

＿＿＿＿＿＿＿＿＿＿＿＿＿＿＿＿＿＿＿＿＿＿＿＿＿＿＿＿＿＿＿

＿＿＿＿＿＿＿＿＿＿＿＿＿＿＿＿＿＿＿＿＿＿＿＿＿＿＿＿＿＿＿

23. 您对强拆的看法是:

＿＿＿＿＿＿＿＿＿＿＿＿＿＿＿＿＿＿＿＿＿＿＿＿＿＿＿＿＿＿＿

＿＿＿＿＿＿＿＿＿＿＿＿＿＿＿＿＿＿＿＿＿＿＿＿＿＿＿＿＿＿＿

＿＿＿＿＿＿＿＿＿＿＿＿＿＿＿＿＿＿＿＿＿＿＿＿＿＿＿＿＿＿＿

＿＿＿＿＿＿＿＿＿＿＿＿＿＿＿＿＿＿＿＿＿＿＿＿＿＿＿＿＿＿＿

24. 您对拆迁工作以及相关法律法规的建议：

_____
_____
_____
_____

调查完毕，谢谢您的大力配合！

附录二 政府机关的调查提纲

1. 对目前胡志明市的拆迁补偿安置相关政策,您如何评价?
2. 拆迁管理部门和协调部门各自如何分工? 相应的职责文件有哪些?
3. 在拆迁工作当中,你们主要是依据哪些法律、政策、规定及条例进行拆迁工作呢?
4. 拆迁工作中整个上下级相关组织以及结构设置是什么样的? 拆迁工作的主管机构与协管机构(街道、信访办、政法机构等)之间如何协调? 如何克服多头管理、管理不到位的困难? 好的经验有哪些?
5. 尽管当前拆迁的各项法律法规日渐健全,但还有很多漏洞可以被利用,您觉得目前有哪些方面要完善?
6. 拆迁补偿安置的依据有哪些? 您认为公共利益是什么?
7. 目前的拆迁政策和补偿标准有些是中央政府规定的,有些是地方政府规定的,有时候会导致政策冲突,对此您有何看法?
8. "钉子户"产生的主要原因是什么? 目前解决途径有哪些(强拆、调解)? 强拆给政府带来什么问题? 对此您有什么观点?
9. 政府部门如何实施对补偿资金来源的监督?
10. 因为拆迁补偿安置不妥而导致的上访问题,您是如何评论的?
11. 拆迁工作完成之后会发生一些问题,比如"安置区"容易形成贫民窟,安置人员就业、医疗和学习等方面受到影响,对这些问题作为政府负责人的您是如何看待的? 实践中有哪些做法?

12. 做得比较好的拆迁基地有哪些？推动难度比较大的基地有哪些？

13. 胡志明市拆迁补偿安置的规定和标准变化沿革是怎样的？变化原因是什么？

14. 以往成功的拆迁中有哪些好的经验？主要问题又出在哪里？

15. 根据您在岗位上的工作经验，您认为胡志明市要完善哪些相关政策？请就拆迁工作的顺利进行谈谈您个人的建议。

附录三　调查研究中处理的数据

表 FL 5.1　不同的性别对胡志明市政府拆迁补偿安置相关政策的评价

项　目	男		女		总　计	
	人数	比例	人数	比例	人数	比例
很符合	159	9.8%	95	8.4%	254	9.1%
基本符合	587	36.2%	475	42.1%	1 062	39.2%
不符合	849	52.3%	553	49.0%	1 402	50.7%
不知道	27	1.7%	5	0.4%	32	1.1%

表 FL 5.2　不同的性别对胡志明市政府拆迁实施的评价

项　目	男		女		总　计	
	人数	比例	人数	比例	人数	比例
满意	250	15.4%	259	23.0%	509	19.2%
基本满意	341	21.0%	264	23.4%	605	22.2%
不太满意	522	32.2%	180	16.0%	702	24.1%
不满意	509	31.4%	425	37.7%	934	34.6%
没意见	0	0.0%	0	0.0%	0	0.0%

表 FL 5.3 不同的区县对现有拆迁补偿安置相关政策的评价

区 域		对拆迁补偿的评价				总计
		很完善	较完善	不完善	难说	
1区	人数	79	186	104	31	400
	内在政策评价	17.4%	22.1%	10.0%	7.5%	14.3%
5区	人数	83	166	111	40	400
	内在政策评价	18.3%	19.8%	10.6%	9.7%	14.6%
新平区	人数	44	96	83	177	400
	内在政策评价	9.7%	11.4%	8.0%	42.8%	18.0%
鹅贡区	人数	64	109	133	94	400
	内在政策评价	14.1%	13.0%	12.8%	22.7%	15.7%
平正县	人数	42	69	438	26	575
	内在政策评价	9.3%	8.2%	42.0%	6.3%	16.5%
荣门县	人数	141	214	174	46	575
	内在政策评价	31.1%	25.5%	16.7%	11.1%	21.1%
总 计	人数	453	840	1 043	414	2 750
	内在政策评价	100.0%	100.0%	100.0%	100.0%	100.0%

Chi-Square Tests

	Value	df	Asymp. Sig. (2-sided)
Pearson Chi-Square	8.133E2[a]	15	0.000
Likelihood Ratio	734.176	15	0.000
Linear-by-Linear Association	4.236	1	0.040
N of Valid Cases	2 750		

a. 0 cells (0.0%) have expected less than 5. The minimum expected is 60.22.

表 FL 5.4　不同的性别对目前拆迁补偿安置相关政策存在的主要问题的评价

项目	男		女		总计	
	人数	比例	人数	比例	人数	比例
安置不合理	535	33.6%	269	24.5%	804	29.1%
补偿标准低	778	48.9%	731	66.7%	1 509	57.8%
拆迁行为不规范	1 140	71.7%	665	60.7%	1 805	66.2%
政府行政行为公开透明度不够	1 255	78.9%	716	65.3%	1 971	72.1%
对弱势群体照顾措施不周	671	42.2%	447	40.8%	1 118	41.5%
拆迁政策不统一	307	19.3%	238	21.7%	545	20.5%
其他	153	9.6%	149	13.6%	302	11.6%

表 FL 5.5　不同的年龄组对目前拆迁补偿安置相关政策存在的主要问题的评价

项目	40岁以下	41—55岁	56岁以上
	比例	比例	比例
安置不合理	32.2%	27.9%	32.4%
补偿标准低	43.2%	59.1%	58.7%
拆迁行为不规范	61.4%	63.5%	78.2%
政府行政行为公开透明度不够	66.8%	70.3%	83.6%
对弱势群体照顾措施不周	44.1%	39.1%	45.0%
拆迁政策不统一	23.4%	21.3%	16.4%
其他	10.4%	12.9%	8.6%

表 FL 5.6 不同的性别对目前拆迁补偿安置相关政策中存在的主要问题的评价(χ^2检验)

项 目	性 别	
	男	女
	比例	比例
安置不合理	33.6%	24.5%
补偿标准低	48.9%	66.7%
拆迁行为不规范	71.7%	60.7%
政府行政行为公开透明度不够	78.9%	65.3%
对弱势群体照顾不周	42.2%	40.8%
拆迁政策不统一	19.3%	21.7%
其他	9.6%	13.6%

Pearson Chi-Square Tests

		性 别
Dui chaiqian ruhe pingjia	Chi-square	219.160
	df	7
	Sig.	0.000*

Results are based on nonempty rows and columns in each innermost subtable.
*. The Chi-square statistic is significant at the 0.05 level.

表 FL 5.7 不同的年龄组对目前拆迁补偿安置相关政策中存在的主要问题的评价(χ^2检验)

项 目	40 岁以下	41—55 岁	56 岁以上
	比例	比例	比例
安置不合理	32.2%	27.9%	32.4%
补偿标准低	43.2%	59.1%	58.7%
拆迁行为不规范	61.4%	63.5%	78.2%
政府行政行为公开透明度不够	66.8%	70.3%	83.6%

(续表)

项 目	40 岁以下 比例	41—55 岁 比例	56 岁以上 比例
对弱势群体照顾措施不周	44.1%	39.1%	45.0%
拆迁政策不统一	23.4%	21.3%	16.4%
其他	10.4%	12.9%	8.6%

Pearson Chi-Square Tests

Dui chaiqian ruhe pingjia	Chi-square	189.892
	df	14
	Sig.	0.000*

Results are based on nonempty rows and columns in each innermost subtable.
*. The Chi-square statistic is significant at the 0.05 level.

表 FL 5.8　不同的性别对胡志明市政府和有关部门的
拆迁工作中存在的问题的评价

项 目	性　别				总　计	
	男		女			
	人数	比例	人数	比例	人数	比例
拆迁宣传不到位	434	26.8%	406	36.0%	840	31.4%
拆迁政策前后不一致	388	23.9%	425	37.7%	813	30.8%
拆迁执行缺乏人性化	441	27.2%	151	13.4%	592	20.3%
其他	359	22.1%	146	12.9%	505	17.5%

表 FL 6.1　不同的年龄组对政策落实的评价

项目		被拆迁人的年龄组							
		40岁以下		41—55岁		56岁以上		总计	
		人数	比例	人数	比例	人数	比例	人数	比例
对越南197号法令第35条第3款的评价	已落实100%	61	12.1%	390	26.1%	119	15.8%	570	18.0%
	已落实50%以上	259	51.5%	723	48.4%	452	60.1%	1 434	53.3%
	已落实50%以下	183	36.4%	382	25.6%	181	24.1%	746	28.7%
对越南35号决议第3条第2款的评价	已落实100%	92	18.3%	374	25.0%	64	8.5%	530	17.3%
	已落实50%以上	341	67.8%	796	53.2%	520	69.1%	1 657	63.4%
	已落实以下50%	70	13.9%	325	21.7%	168	22.3%	563	19.3%

表 FL 6.2　不同的区县组对政策落实的评价

项目		居住区县						
		1区	5区	新平区	鹅贡区	平正县	荣门县	总计
		比例	比例	比例	比例	比例	比例	比例
对越南197号法令第35条第3款的评价	已落实100%	29.0%	22.8%	23.2%	19.8%	10.6%	22.6%	21.3%
	已落实50%以上	49.2%	51.8%	50.8%	52.0%	55.8%	51.8%	51.9%
	已落实50%以下	21.8%	25.5%	26.0%	28.2%	33.6%	25.6%	26.8%
对越南35号决议第3条第2款的评价	已落实100%	31.8%	24.8%	18.0%	16.2%	7.7%	21.4%	20.0%
	已落实50%以上	54.2%	59.8%	61.5%	60.0%	65.7%	58.6%	60.0%
	已落实50%以下	14.0%	15.5%	20.5%	23.8%	26.6%	20.0%	20.1%

表 FL 6.3　不同的性别对目前安置区跟以前相比的评价

项　目	男		女		总　计	
	人数	比例	人数	比例	人数	比例
比以前方便	405	25.0%	327	29.0%	732	27.0%
没差别	579	35.7%	377	33.4%	956	34.6%
没有以前方便	565	34.8%	352	31.2%	917	33.0%
难说	73	4.5%	72	6.4%	145	5.5%

表 FL 6.4　不同的性别对安置区的用电用水质量的评价

项　目		男		女		总　计	
		人数	比例	人数	比例	人数	比例
用电评价	比以前好	859	53.0%	610	54.1%	1 469	53.6%
	不变	430	26.5%	359	31.8%	789	29.2%
	比以前差	301	18.6%	150	13.3%	451	16.0%
	不知道	32	2.0%	9	0.8%	41	1.4%
用水评价	比以前好	658	40.6%	497	44.1%	1 155	42.4%
	不变	524	32.3%	454	40.2%	978	36.3%
	比以前差	351	21.6%	157	13.9%	508	17.8%
	不知道	89	5.5%	20	1.8%	109	3.7%

表 FL 6.5　被调查者的职业结构与性别区分

项　目	男		女		总　计	
	人数	比例	人数	比例	人数	比例
行政机关	522	32.2%	396	35.1%	918	33.7%
事业单位	476	29.3%	364	32.3%	840	30.8%
企业	237	14.6%	149	13.2%	386	13.9%
自由职业	288	17.8%	126	11.2%	414	14.5%
下岗、失业	58	3.6%	41	3.6%	99	3.6%
其他	41	2.5%	52	4.6%	93	3.6%

表 FL 7.1　不同的性别对安置前后的工作方面受影响程度的评价

项　目		男		女		总　计	
		人数	比例	人数	比例	人数	比例
就业方面情况	前后都没有任何困难	442	27.3%	365	32.4%	807	29.9%
	安置前有困难	82	5.1%	122	10.8%	204	8.0%
	安置后有困难	929	57.3%	573	50.8%	1 502	54.1%
	前后都遇到一样的困难	169	10.4%	68	6.0%	237	8.2%
做生意方面情况	前后都没有任何困难	622	38.3%	508	45.0%	1 130	41.7%
	安置前有困难	81	5.0%	72	6.4%	153	5.7%
	安置后有困难	734	45.3%	472	41.8%	1 206	43.6%
	前后都遇到一样的困难	185	11.4%	76	6.7%	261	9.1%

表 FL 7.2　不同的性别对拆迁对收入方面的影响程度的评价

项　目		男		女		总　计	
		人数	比例	人数	比例	人数	比例
因拆迁而收入下降	有	896	55.2%	496	44.0%	1 392	49.6%
	没有	726	44.8%	632	56.0%	1 358	49.4%
因拆迁而支出提高	有	1 249	77.0%	845	74.9%	2 094	76.0%
	没有	373	23.0%	283	25.1%	656	24.1%

表 FL 7.3　不同户口状况的被拆迁人对当前住宅条件的评价　　　单位：%

项　目	户　口　情　况				
	KT1+2	KT3	KT4	KT5	平均
比以前好	60.6	73.7	77.8	42.9	63.8
不变	20.2	18.6	11.1	57.1	26.8
比以前差	18.3	7.6	11.1	0.0	9.3
不知道	1.0	0.0	0.0	0.0	0.3

表 FL 7.4　不同的性别对安置区宗教信仰方面工作的满意度

项　　目		男		女		总　计	
		人数	比例	人数	比例	人数	比例
对安置区的宗教基础建设的满意度	满意	624	38.5%	399	35.4%	1 023	37.0%
	不满意	450	27.7%	243	21.5%	693	24.6%
	难说	548	33.8%	486	43.1%	1 034	38.5%
对信徒之间关系的满意度	满意	627	38.7%	401	35.5%	1 028	37.1%
	不满意	94	5.8%	81	7.2%	175	6.5%
	难说	901	55.5%	646	57.3%	1 547	56.4%
信徒与地方政府关系的满意度	满意	532	32.8%	337	29.9%	869	31.4%
	不满意	313	19.3%	205	18.2%	518	18.8%
	难说	777	47.9%	586	52.0%	1 363	50.0%

附录四 相关图片

一、与越南和胡志明市拆迁相关的图片

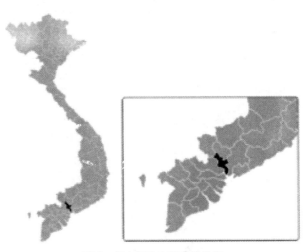

图 1　胡志明市在越南的位置

附录四 相关图片

图 2　胡志明市的"家"和"店"的联合体(shophouse)：一举两得

图 3　胡志明市的若干棚户区、"危房"和"老鼠窝式"房

图4　胡志明市4区的一个典型棚户区改造

图5　胡志明市的交通问题：市民主要靠私人的摩托车上下班

附录四 相关图片

图 6 交通拥堵时,道路上的骑车者暂时使用步行走廊

图 7 交通拥堵是胡志明市的"特色"

图 8 胡志明市的"过渡房":自己搭建"过渡房"等待回迁

图9　在胡志明市鹅贡区的"过渡房"中已经居住了20年等待回迁的居民

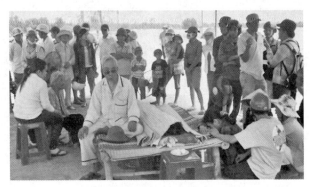

图10　胡志明市因"抗拆"而自杀者的父亲与围观居民：越南的"强拆综合征"

图11　胡志明市的"裸体式抗拆"：母子因土地征收补偿价格过低而"裸体抗拆"

附录五　与拆迁补偿安置相关的法律政策

一、越南征收拆迁的主要相关政策

(一) 越南中央政府的相关政策

1. 越南1992年、2003年的《宪法》。

2. 越南1993年、2003年的《土地法》。

3. 越南中央政府22号法令(越南22/1998/NĐ-CP的法令《关于国家收回土地使用目的为国防、安宁、公共利益等时补偿的规定》),生效时间:1998年4月24日。

4. 越南中央政府181号法令(越南181/2004/NĐ-CP的法令《关于土地法的实施的规定》),生效时间:2004年10月29日。

5. 越南中央政府197号法令(越南197/2004/NĐ-CP的法令《关于国家收回、征用土地时的补偿、补贴的规定》),生效时间:2004年12月3日。

6. 越南中央政府84号法令(越南84/2007/NĐ-CP的法令《关于国家收回土地、土地征用,土地使用证书,补偿的工作程序、流程,安置的相关工作流程,解决土地争权、投诉流程的规定》),生效时间:2007年5月25日。

7. 越南中央政府69号法令(越南69/2009/NĐ-CP的法令《关于土地规划、价格,土地征收、征用,安置补偿价格与流程的补充规定》),生效时间:

★ 越南城市化进程中的政策实践

2009年8月13日。

(二)胡志明市政府的相关政策

1. 胡志明市政府08号指令(胡志明市人民政府08/2002/CT－UB《关于胡志明市房屋与用地的加强改组和管理措施》),生效时间:2002年4月22日。

2. 胡志明市政府135号决议(胡志明市人民政府135/2002/QĐ－UB《关于拆迁补偿安置的条例》),生效时间:2002年11月21日。

3. 胡志明市政府31号决议(胡志明市人民政府31/2003/QĐ－UB《关于国家为了国防、安宁、国家利益、公共利益的目的在胡志明市范围内收回土地的拆迁补偿安置项目的流程、实施相关规定》),生效时间:2003年3月10日。

4. 胡志明市政府238号决议(胡志明市人民政府238/2004/QĐ－UB《关于对31号若干条例的修订、补充的规定》),生效时间:2004年10月15日。

5. 胡志明市政府106号决议(胡志明市人民政府106/2005/QĐ－UBND《关于胡志明市区的拆迁补偿安置工作的规定》),生效时间:2005年6月16日。

6. 胡志明市政府11号决议(胡志明市人民政府11/2006/QĐ－UBND《关于修改106号决定》),生效时间:2006年1月25日。

7. 胡志明市政府17号决议(胡志明市人民政府17/2008/QĐ－UBND《关于胡志明市区拆迁补偿安置的法律规定》),生效于2008年3月14日[①]。

8. 胡志明市政府35号决议(胡志明市人民政府35/2010/QĐ－UBND《关于胡志明市区拆迁补偿安置的决定》),生效时间:2010年5月28日[②]。

---

① 该决议出台后31号、238号、106号、11号决议废止。
② 该决议出台后17号、65号、82号、92号决议废止。

二、中国征收拆迁的主要相关政策

(一) 中国中央政府的相关政策

1. 中国 1999 年版、2004 年版《宪法》。

2. 中国 1986 年版、2004 年版、2010 年版《土地法》(《中华人民共和国土地管理法》)。

3. 中国《城市房屋拆迁管理条例》(1991 年 3 月 22 日,2001 年 6 月 13 日修订)。

4. 中国 2007 年《物权法》(第十届全国人民代表大会第五次会议于 2007 年 3 月 16 日通过、于 2007 年 10 月 1 日起施行的《中华人民共和国物权法》)。

5. 中国 2007 年《城市房屋地产管理法》(第十届全国人民代表大会常务委员会第二十九次会议于 2007 年 8 月 30 日通过、自公布之日起施行的《中华人民共和国城市房地产管理法》)。

6. 中国的国有土地上房屋征收与拆迁补偿安置条例(《国有土地上房屋征收与补偿条例》于 2011 年 1 月 19 日国务院第 141 次常务会议通过,本书简称第 590 号)。

(二) 上海市人民政府的相关政策

1.《上海城市房屋拆迁管理实施细则》(〔2001〕111 号,2001 年 10 月 29 日上海市人民政府令发布)。

2.《上海城市房屋拆迁管理实施细则》(〔2002〕101 号)。

3.《关于进一步加强房屋拆迁管理工作的通知》(〔2005〕7 号)。

4.《上海市房屋拆迁面积标准房屋调换应按照人口认定办法》(2006 年 6 月 19 日上海市人民政府第 110 次常务会议通过,2006 年 8 月 1 日起实行)。

5.《上海市动迁安置房管理办法》(〔2011〕44 号)。

6.《上海市国有土地上房屋征收与补偿实施细则》(〔2011〕71 号,

★ 越南城市化进程中的政策实践

2011年10月10日上海市人民政府第121次常务会议通过,自公布之日起施行)。

7.《上海市住房保障和房屋管理局关于规范动迁安置房房地产交易登记有关问题的通知》(〔2011〕12号)。

8.《上海市国有土地上房屋征收评估管理规定》(〔2012〕5号)。

附录六 深入访谈的提纲与调查情况汇总

一、调查提纲

1. 在拆迁工作当中,你们主要是依据哪些法律、政策、规定及条例进行拆迁工作的呢?
2. 您认为胡志明市现有的拆迁补偿安置相关政策中存在哪些问题?
3. 在执行拆迁中您认为哪些是最难的环节?
4. 一般情况下,被拆迁人对您反映哪些问题?
5. 被拆迁人选择哪种补偿方案最多?
6. 在拆迁过程中,您遇到过哪些拆迁纠纷?纠纷的主要原因是什么?
7. 您对强拆问题的看法如何?
8. 您如何看待"钉子户"?解决办法主要是哪些?
9. 您对拆迁工作以及相关法律规定有何建议?

二、调查情况汇总

(一) 胡志明市的政府官员、有关管理部门和直接拆迁负责人的汇总

时 间	事 由	涉 及 人 员	访谈资料编号
2012年2月20日	胡志明市领导干部访谈	胡志明市办公厅工作人员	LDGL01

(续表)

时间	事由	涉及人员	访谈资料编号
2012年2月21日	胡志明市领导干部访谈	建设局综合实务负责人 建设局城市规划负责人 建设局城市动迁项目负责人	LDTP02 LDTP03 LDTP04
2012年2月22—28日	胡志明市领导干部访谈	胡志明市2区人民政府 胡志明市新平区人民政府 胡志明市12区人民政府	LDQH05 LDQH06 LDQH07
2012年3月1—7日	胡志明市管理干部访谈	胡志明市拆迁165基金管理负责人 胡志明市中大拆迁项目管理负责人 胡志明市公共拆迁项目管理负责人 胡志明市外资拆迁项目管理负责人	QLTP01 QLTP02 QLTP03 QLTP04
2012年3月8—20日	胡志明市正在进行拆迁项目的拆迁管理人员	饶禄—氏义运河拆迁项目委员会 豆腐渠道拆迁项目委员会 义安渠道拆迁项目委员会 新化—陶瓷炉拆迁项目直接指导人员 新化—陶瓷炉拆迁项目拆迁工作负责人 新化—陶瓷炉拆迁项目补偿工作负责人 新化—陶瓷炉拆迁项目安置工作负责人	TDC01 TDC02 TDC03 TDC04 TDC05 TDC06 TDC07 TDC08

(二) 被拆迁居民的汇总

编号	姓名	性别	年龄	职业
DBGT 01	Nguyen Huu Hung	男	42	自由职业
DBGT 02	Vo Minh Thanh	男	61	退休人员
DBGT 03	Nguyen Quoc Dung	男	49	公务员
DBGT 04	Tran Thi Thuy	女	31	工人
DBGT 04	Tran Thi Tam	女	43	自由职业
DBGT 06	Hoang Thi Han	女	45	做小买卖者
DBGT 07	Le Hieu Trong	女	37	教师
DBGT 08	Nguyen Thi Lan	女	57	退休人员
DBGT 09	Huynh Thi Lam	女	不详	不详

(续表)

编　号	姓　名	性　别	年　龄	职　业
DBGT 10	Thoai Ngoc Bang	男	46	行政机关工作人员
DBGT 11	Huynh Buu	男	55	保安
DBGT 12	Pham Cong Tam	男	27	公务员
DBGT 13	若干额外的采访	男和女	不详	不详

后 记

中国有一句话说得好:"人之所以痛苦,在于追求错误的东西"。回想起来,来中国之前,我为该不该来中国学习感到迷茫,并且被这种迷茫折磨着。是的,凡是"追求错误的东西"就一定会伴随着痛苦,有时甚至是一生的痛苦。我被这样折磨了很久,经过慎重的考虑才下了决心。我并不是不喜欢来中国生活和学习,反而这是我很盼望和祈求着的事情,因为我从小就怀着学习汉语的梦,看到越南老一代的人写书法时,我的内心涌动着一种美妙至极的感觉。那么我为何还犹豫、踌躇和徘徊着不敢下决定,会被如此折磨着呢?在后文会解释原因,现在还是先来说说这本书的"喜事"吧。

当我终于放弃一切来到上海生活和学习,刚来的第一件事就是开始学习汉语(因为来中国之前我一点汉语也不会),那时每一个汉字都浸透了我的汗水、眼泪、血液,饱含"酸甜苦辣"的味道。我做梦也不能想象的是,现在的我能独立用汉语来撰写本书。是的,这是我曾经的梦想,而现在它已经奇迹般地实现了。

首先,我要感谢我的导师——上海大学社会学院的陆小聪教授,在我攻读博士期间及时地教给我许多宝贵的科学知识,尤其在开始选题的时候给了我最宝贵的研究方向和研究思路;在撰写的时候,在论文架构等方面及时给我可贵的意见和建议。不夸张地说,在博士论文的"播种、发芽、生根、成长、开花、结果"的每一个环节都有陆老师的身影和心血。借此难得的机会,我想向我的导师说一声:谢谢,老师您辛苦了!

其次，我要向上海大学社会学院尊敬的李友梅教授、张钟汝教授、翁定军教授、仇立平教授、范明林教授和张文宏教授等师长致以衷心的感谢！在我攻读博士学位的过程中，诸位师长不仅教给我科学知识，更是给了我温暖的关怀。我还要向我的同伴和同学、"陆家军"成员们和其他中国朋友表示谢意。

最后，我要感谢我的父母和兄弟姐妹们，以及我太太和我儿子。说实话，如果没有他们在物质和精神方面的支持，我是不能全心全意地顺利完成学业的。特别是要给我的母亲鞠一个躬。我深深地记得，我来中国的那一天，母亲突然暴病，全家人急忙赶到医院，去看躺在医院病床上处于昏迷状态的母亲，还向我转达了母亲的话："妈还好，你不应该为了我而放弃去中国留学的机会，我一定会活下去等到你回来的那天"。打算放弃去中国学习这一个难得机会来照顾母亲的我，听到母亲的这句话后充满了动力。对的，我不应放弃我自己的"中国梦"，因为在我母亲眼里，我的学习成绩就是她最好的"药方"——以上这些就是上面所说去不去中国折磨着我、让我徘徊的心路历程。妈妈，现在我才敢说出来我一直不敢说的一件事情：我的学业好比与您的生命赛跑，如果我完成我的学业而您已经走了，我会后悔一辈子！当我回到您身边凑近您耳朵小声地说："妈妈，我已经回到您身边，永远不会离开您啦"，那么，我的今生就心满意足了！

范 德

2017年5月11日于上海大学